와당, 아시아 건축을 수놓다

와당, 아시아 건축을 수놓다

지붕 끝에 깃든
시간의 문양

허선영 지음

책과함께

일러두기
별도의 출처 표기가 없는 도판은 저자가 직접 촬영했거나 저작권이 자유로운 것이다.

들어가며

1980년대, 거리는 온통 홍콩영화의 열기로 가득했다. 극장가마다 성룡의 액션과 주윤발의 느와르, 장국영의 낭만적인 눈빛이 스크린을 가득 메웠고, 사람들은 영화 속 주인공의 모습에 열광했다. 비디오 대여점이 생겨난 뒤로는 집마다 작은 극장이 열리듯 홍콩영화를 빌려보는 것이 일상이 되었다. 그 시절 성룡과 주윤발, 장국영이라는 이름은 단순한 배우가 아니라, 우리 청춘들의 마음속에 살아있는 전설이었다. 그들은 자유와 젊음, 낭만과 저항의 상징이었고, 일상의 단조로움에서 우리는 그들의 몸짓과 대사 하나하나에 설레곤 했다.

  나 역시 그 시대의 열풍 속에 있었다. 중학교 시절, 학교에서 단체 관람으로 봤던 영화가 바로 성룡 주연의 〈쾌찬차〉였다. 스크린 위에서 유쾌하면서도 재치 넘치는 몸짓으로 온몸을 던지던 성룡의 모습은 단순한 오락을 넘어 내 마음 깊은 곳에 새로운 불씨를 지폈다. 그날 이후 나는 "중국어를 배우고 싶다"라는 열망을 품게 되었고, 배우에 대한 동경은 자연스레 언어와 문화에 대한 관심으로 확장되었다.

그 작은 불씨는 쉽게 꺼지지 않았다. 언어를 배우겠다는 열정은 나를 학문의 길로 이끌었고, 결국 대만 유학으로 이어졌다. 돌이켜 보면, 한 편의 영화가 내 인생의 방향을 완전히 바꾸어 놓았다. 친구들은 그저 즐겁게 웃고 지나쳤던 영화였을지 모르지만, 내게는 또 다른 세계를 열어주는 창이 된 것이다.

지금 와서 생각해보면, 그것은 오늘날 외국인들이 한류 드라마와 케이팝을 통해 한국을 찾아오는 것과 다르지 않았다. 그때의 나는 홍콩영화의 열풍 속에서 대만으로 발걸음을 옮겼고, 그 과정에서 언어와 학문, 그리고 새로운 문화와의 만남을 통해 내 삶을 확장할 수 있었다.

홍콩영화는 내게 단순한 추억이 아니다. 그것은 나의 청춘을 흔들어 깨운 문화적 충격이었고, 나를 새로운 세계로 인도한 길잡이였다. 그리고 지금도 그 시절을 떠올리면, 내 인생의 궤적을 바꾸어 놓았던 그 순간의 뜨거움이 다시금 생생하게 되살아난다.

2000년도부터 중국 고대 와당瓦當 연구를 시작하면서, 와당을 사용한 2000년 전 사람들의 삶과 세계관에 대해 생각해왔다. 지붕 끝에 걸린 작은 원형에 글자와 문양을 새겨 넣었던 이들은 단순히 장식을 한 것이 아니라, 당시의 미학과 사상을 응축해 담아낸 것이었다. 하나의 문화나 현상이 형성될 때 우리는 흔히 '유행'이라는 개념을 떠올린다. 전국戰國 시기 오월吳越 지역의 청동병기靑銅兵器에 새겨진 조충서鳥蟲書가 당시 남방 지역에서 하나의 유행으로 퍼져나간 것처럼, 특정 기물이나 공간에서 나타나는 유행은 오늘날에도 여전히 유효하다. 지붕을 마감하던 와당 역시 그 시대가 낳은 하나의 유행이었다.

그러나 와당은 단순히 장식적 유행에 머물지 않았다. 건축을 보호하는 실용적 목적을 넘어 그 표면에 새겨진 문자와 문양은 사상과 역사를 담아내는 매개체가 되었다. 작은 와당 한 장 속에는 건축과 문자, 예술과 미학이 한데 어우러져, 그 시대 사람들의 정신세계가 응축되어 있었다. 전국 시기의 청동병기에서 나타난 조충서가 한대漢代 와당에서도 반복되어 등장하는 사실은 문자와 건축이 단절된 영역이 아니라 긴밀하게 연결된 문화적 맥락임을 보여준다.

결국, 홍콩영화와 고대 와당, 시공간은 다르지만 본질은 같다. 둘 다 특정 시대 사람들의 감각과 열망, 그리고 문화적 유행을 압축해 보여주는 창구라는 점에서, 우리는 그 안에서 과거와 현재를 잇는 공감을 발견할 수 있다. 영화 속 주인공의 언어와 몸짓이나 와당 면에 등장하는 내용은 모두 그 시대 사람들이 공유했던 꿈, 염원, 미학의 흔적이었으며, 이를 통해 우리는 문화가 개인과 사회를 동시에 움직이는 힘이라는 것을 확인할 수 있다.

누구나 어린 시절 살던 집의 기억이 있다. 그 기억이 단순히 공간의 형태인지, 그 안에서 흘러간 시간과 감정을 떠올리는 것인지 정확히 알 수는 없다. 그러나 분명한 것은 그 기억 속에는 삶의 울림이 남아 있다는 점이다.

와당은 바로 그 울림을 담고 있으며, 조용히 그러나 깊게 공간의 기억을 품고, 잊힌 시간을 되살리는 작은 기록자다. 하늘과 가장 먼저 마주하는 와당은 길이 15~20센티미터의 작은 공간에 글씨와 문양을 새긴다.

와당은 단순한 장식이 아니다. 그 속에는 고전의 예술정신과 미학, 인문과 사상, 예술과 공학이 함께 깃들어 있으며, 왕권과 국가의 존엄을 표현하는 동시에 인간과 자연, 시간과 공간의 조화를 담아낸다. 와당에는 권력과 계급의 상징도 담겨 있었다. 높은 지붕 위, 손이 닿지 않는 위치에 놓여 국가 지도자의 존엄과 권위를 강조하면서, 동시에 인간 존재의 나약함과 소망을 표현했다. 작은 원형 속에는 왕의 권위와 인간의 소망, 자연과 우주를 바라보는 사유가 담겨 있으며, 와당 문자와 문양은 이러한 내용을 확인할 수 있게 한다. 와당은 땅 위에서는 그 형태가 거의 보이지 않지만, 지붕 위에서는 건물과 자연, 시간과 인간을 연결하는 상징이 된다. 그 속에서 우리는 아시아 건축의 깊은 미학을 발견할 수 있다. 한 장의 와당, 그 작은 원형 속에는 인간의 삶과 자연, 사회와 정치, 철학과 예술이 조화를 이루며 응축되어 있다.

기와는 원래 지붕을 마감하는 실용적 건축 부재였다. 비와 눈, 바람으로부터 건물을 보호하며 궁궐과 사찰, 민가에 이르기까지 폭넓게 사용되었다. 그러나 와당은 실용을 넘어, 문양과 곡선을 통해 자연과 어우러지고 시간과 기억 그리고 소망을 담는 공간적 언어가 되었다.

오늘날 사찰에서 행하는 기와불사는 합격과 승진, 가족의 건강을 기원하는 마음을 담는다. 과거 와당 문양 속 소망과 다르지 않게, 작은 원형 속 사유와 미학은 세대를 넘어 오늘의 우리에게 말을 건넨다.

기와의 곡선과 선이 만들어내는 리듬은 현대의 직선적 건축 속에서도 풍경과 조화를 이루며, 동양 전통 건축이 지향해온 '자연과의 조화'라는 미학을 이어간다. 자연과 어우러지는 곡선, 하늘과 땅을 연결하는 배치 구조는 단순한 장식을 넘어 건축과 인간, 자연과 미학의 융화를 보여준다. 그 안에서 우리는 인간이 어떻게 자연과 조화를 이루며, 시간과 기억 속에 자신의 존재를 기록하고자 했는지를 읽을 수 있다.

이 책은 25년간 와당 연구를 하면서 전문가의 시선과 일반 독자의 눈높이를 함께 담아낸 기록이다. 와당을 따라 인간의 삶과 역사, 기억과 미학의 흐름을 살피며 독자들이 작은 와당 속에 담긴 시간과 이야기를 만나고 전통 건축의 아름다움과 그 의미를 함께 느낄 수 있기를 바란다.

2025년 9월
허선영

차례

들어가며　　　　　　　　　　　　　　　　　　　　　5

1장 ◉ 공간의 기억
1. 공간을 기억하다　　　　　　　　　　　　　　　13
2. 소망을 담아내는 공간　　　　　　　　　　　　　28
3. 기와가 남긴 기록　　　　　　　　　　　　　　　40
4. 하늘과 땅에서 가장 먼저 보이는 것　　　　　　　50

2장 ◉ 처마 밑에서 부르는 소리
1. 기와, 그 시작을 따라가다　　　　　　　　　　　71
2. 지붕의 마무리, 와당의 시작　　　　　　　　　　72
3. 와당에 깃든 이분법적 미　　　　　　　　　　　80

3장 ◉ 토목공사의 시작
1. 주거지의 탄생　　　　　　　　　　　　　　　　95
2. 중국의 전통 건축　　　　　　　　　　　　　　100
3. 영원히 머물고 싶은 꿈과 이상의 공간　　　　　114

4장 　문양을 그리다

1. 사랑이 담긴 연꽃을 그리다: 연화문　　121
2. 남녀의 사랑을 담아낸 연화 문양　　134
3. 하늘에 걸린 구름을 그리다: 구름 문양　　142
4. 진시황은 물을 따랐다　　150
5. 왕을 지키는 수호신, 사신문　　168

5장 　와당이 말하다

1. 와당의 소리를 듣다　　189
2. 사계절, 왕을 위한 네 글자　　211
3. 오래 살고 싶은 소망을 걸었던 '천추만세'의 삶　　220
4. 문자 와당의 역사적 단서: 흉노 선우의 11자 문자 와당　　241
5. 와당과 어울리던 글자들　　246

감사의 말　　272
주　　274
참고문헌　　278

1장

공간의 기억

1. 공간을 기억하다

어느 해 봄날, 창덕궁에 간 적이 있다. 멀리서 보이는 나무 한 그루에 많은 사람이 모여 사진을 찍고 있었다. 홍매화였다. 창덕궁과 창경궁으로 이어지는 함양문 근처에 핀 진분홍 홍매화에 대한 기억. 내게 가장 아름답게 기억되는 봄꽃이다. 단순히 꽃에 대한 기억일까? 아니면 그날, 봄날에 대한 기억? 그도 아니면 처음 본 진분홍 홍매화에 대한 기억인가?

공간에 대한 기억은 주어진 환경과 밀접하게 연결되어 있다. 유네스코 세계문화유산으로 등재된 창덕궁의 홍매화는 나무와 흙으로 만들어진 전통 건축과 조화가 잘 어우러지지만, 어쩌면 창덕궁을 방문했던 그날에 대한 기억을 공간 속에서 함께 추억하고 있는 걸지도 모른다.

현대 사회에서도 우리는 종종 공간에 대한 기억을 느끼며 살아간다. 지금은 고층 아파트가 흔히 보이는 환경이지만, 1980~90년대만 해도 흔히 보이던 단독 주택에 대한 추억은 그 시절을 살아온 사람이라면 모두 기억하고 있다. 어른이 된 지금도 그 시절에 대한 추억이 있는데, 그 기억들은 모두 공간 속에서 함께 살아온 찰나가, 순간이, 시간이 담겨 있다.

흔히 옛것이 좋은 것이라 했던가. 공간을 연출하는 건축물에서 옛것의 좋은 점은 어디서 찾을 수 있을까. 건축물은 나라별로 지역별로 서로 다른 특징이 있다. 그래서 여행을 다니면서 다양한 건축물에 대한 이해가 깊지 않으면 여행의 묘미를 잃어버릴 수도 있다. 종교와 문화 그리고 자연과 지리적 환경 등은 각기 다른 건축의 특징을 이해하는 데 중요한 요소가 된다.

사진 몇 장으로도 고대와 현대 건축의 차이점을 쉽게 알아챌 수 있다. 여기에는 시간성이 존재하고 있기 때문이다.

건축은 인류의 삶 속에서 외부로부터 자신을 보호하기 위해 만든 최고의 우수한 작품 가운데 하나라고 생각한다. 시간이 지나면서 건축을 사용한 사람들의 세계관과 의식을 모두 담아내고 있어 건축이라는 공간은 당대 문화를 이해하는 데 중요한 자료가 된다.

특정한 공간, 즉 건축이라는 공간에서 순간을 기억하는 방법은 건축 외에도 인류가 남긴 다양한 자료를 통해서 확인할 수 있다. 예를 들어, 선사시대에 남겨진 벽화를 보면 그들이 살아온 방식의 흔적을 확인할 수 있는데, 이 시기의 벽화를 보면 특별한 학습을 통해 표현한 것이 아니다. 자신들이 보았던 것, 경험한 것, 생각한 것 등 생활 속에서 등장한 것들에 대한 표현이었다. 그렇기에 벽화는 꽤 사실적으로 묘사되어 있다.

문자가 없던 시절 벽화 이야기를 통해 우리는 무엇을 느낄 수 있을까. 어떠한 내용을 남기겠다는 의도도 없이, 그림과 부호로 남겨진 벽화는 지금의 관점에서 살펴보면 당시 그들이 사유했던, 생활했던 것들에 대한 표현임을 알 수 있다. 와당瓦當 이야기에서 갑자기 벽화 이야기를 언급하는 이유는, 사유했던 의식적 또는 무의식적 행동에 대한 기록을 보여주고 있다는 공통점이 있기 때문이다. 벽화의 경우 숙련된 장인에 의해 만들어진 것인지 정확히 알 수 없지만, 자신들이 생각한 것을 그림으로 그려내고 부호로 남긴 것이다. 와당의 경우 숙련된 와공에 의해 만들어진 것으로 국가 차원에서 다뤄졌다는 점에서 차이가 있다.

그러나 무엇보다도 중요한 것은 현실과 함께 때로는 현실을 뛰어넘어 자신들이 원하는 세계를 표현하려 했을지도 모른다는 것이다. 특정한 공간에 무엇인가를 남기고자 했던 것, 그것은 어쩌면 본능에 의한 것이었을지도 모른다.

무엇인가를 기록하는 행위는 생각하고, 소망하고, 전하고, 말하고 싶은 욕구에서 출발한다. 이것은 인간의 본능적 사고에서 비롯된 것으로, 인류만이 가진 가장 훌륭한 능력 가운데 하나다. 무엇인가를 그리고, 찍어내고, 담아낸다는 것에는 많은 에너지가 들어간다. 그 과정에서 공간에 대한 장소와 대상도 중요하지만, 무엇을 담아낼 것인지 그 내용이 더 중요할 것이다.

이제, 선사시대 벽화는 잠시 접어 두고 고대 건축의 세계로 들어가 보려고 한다. 이야기의 대상은 흙으로 만들고 구워서 지붕을 덮었던 기와 이야기다. 한자로는 '와당瓦當'이라고 한다. 와당을 소재로 지붕을 덮었던 것을 '와당 건축'이라고 한다. 우리나라에서는 기와 건축이라고 칭하기도 한다.

와당은 고대 건축에서 매우 중요한 역할을 했다. 당시의 와당은 단순한 건축의 부재部材를 넘어, 순간을 기억하게 해주는 인문학적 의미가 담겨 있다. 와당에 대한 강의나 특강을 진행할 때 가장 쉽게 예시를 들어주는 것은 길거리에서 흔히 볼 수 있는 광고판의 문구와 형식이다. 우리가 일상에서 마주하는 표지판이나 광고판은 문을 열고 밖으로 나가면 어디서든지 흔하게 볼 수 있다. 이 광고 표지판에서 우리는 무엇을 얻을 수 있는가. 대부분 상점에 대한 정보를 얻을 수 있다. 유사한 업종들끼리는 광고판에 대한 경쟁도 있을 것이다. 자신들이 내세우는 광고판이 조금이라도 눈에 띄게 독특한 문양이나 문구 또는 색을 입혀 기억하기도 쉽고 다른 상점과 구별되도록 하기도 한다. 광고판의 핵심 기능은 소비자에게 자신들의 상점이 눈에 띄게 하려는 효과에 있다. 광고 표지판은 그렇게 상업적 목적이 있다.

광고 표지판이 상업적 목적으로 만들어졌다면, 와당은 문화적 요소와 권위를 상징하고 있다. 광고 표지판과 와당 면에 시문施文된 내용은 두 가지의 공통점이 있는데, 전달하려는 메시지와 그것을 표현해내는 공간의 제한성이 그것이다. 고대 건축에서 사용된 와당과 상품을 알리는 광고 표지판은 그 목적과 형태는 다르지만, 무엇인가를 함축적으로 알리려는 의도에서는 큰 차이가 없다.

거리에서 흔히 보이는 광고판에 등장하는 디자인과 내용을 생각해보면 일정한 원칙이 있다. 1933년부터 대한민국에서 국수를 만들었다는 '풍국면'이라는 음식점이 있는데, '풍豊' 자를 원형의 구획 안에 배치하면서 상단에는 두 개의 젓가락으로 국수를 들고 있는 디자인을 사용한다. 젓가락으로 국수를 들고 있는 디자인은 사실은 한자 '豊' 자를 들고 있다. 일반적으로 국수는 젓가락으로 먹기 때문에 글자와 먹는 방법을 취한 매우 흥미로운 로고다.

백월당 음식점은 프리미엄 쌀국수를 파는 곳으로, 여기의 광고 디자인은 원형의 구획을 구름 문양으로 테두리를 만들어 음식점의 이름을 공간 안에 넣었다. 이런 구름 문양은 일반적으로 전통 문양으로 알려져 있다. 그런데 구름 문양이 지니는 상징성을 알고 이와 같은 광고디자인을 보면 이곳이 프리미엄 음식점임을 나타낸다는 것을 알 수 있다. 무엇 때문에 프리미엄인지를 알 수 있는 것일까?

음식을 판매하거나 특정한 물건을 판매한다는 광고디자인은 사람들의 많은 고민 끝에 탄생하게 된다. 필자가 우연히 지나가다 보게 된 두 개의 광고디자인만 언급했지만, 사실 거리에는 무수히 많은 광고디자인이 전통의 미학과 연관되어 있다. 젓가락으로 국수를

이화여자대학교 로고

들어 올리는 디자인을 '豊' 자로 모티브했던 '풍국면'이나 구름 문양으로 음식점의 이름을 처리한 것 등은 와당을 연구하는 연구자로서 매우 유익하게 보았던 광고다. 이러한 디자인은 2000년 전 와당 형식과 같기 때문이다.

광고디자인 외에도 대학교 로고도 마찬가지다. 특히 대학교의 상징을 모두 담고 있는 학교 도안에는 여러 메시지가 함축되어 있다. 예를 들어, 이화여자대학교의 로고를 살펴보면 1886년이라는 설립 연도와 함께 선교사에 의해 세워진 기독교 학교이기에 상단에 십자가가 보인다. 학교가 추구하는 인재상인 진선미眞善美라는 한자는 진실하고 선하며 아름다운 여성 인재를 양성하려는 목표를 나타내고 있다. 이러한 각각의 의미들이 원형 안에 잘 담겨 있다. 원형의 디자인에 설립 연도와 교육 목표가 한눈에 들어오게 설계한 것이다.

외국의 대학교도 마찬가지다. 국립대만대학은 대만의 수도 타이베이에 위치한 대학교로 나의 모교이기도 하다. 이 학교의 로고에도 원형 안에 학교를 상징하는 내용이 담겨 있다. 학교의 상징인 야자나무와 부종傅鐘이 있으며, '품성을 돈독히 하고 학문에 힘쓰며, 나라와 사람을 사랑하라〔敦品勵學, 愛國愛人〕'라는 국립대만대학의 교육목표를 원형 안에 명확하게 담고 있다.

이처럼 거리에서 쉽게 볼 수 있는 음식점의 광고판이나 학교나 회사의 로고는 모두 한눈에 알아볼 수 있도록 설계되어 있다. 특히 이윤을 목적으로 하는 광고는 누가 무엇을 판매하는지 쉽게 이해할 수 있도록 하여, 경쟁에서 앞서 나가려는 목적이 크다. 하지만 이것을 단순히 상업적 홍보의 효과로만 해석하지 말고, 왜 이러한 방식으로 제작되었는지를 이해하면 누구나 자신만의 멋진 홍보물이나 창의적인 광고, 로고 등을 설계할 수 있다.

이렇게 원형 혹은 네모 등의 구획 안에 연관된 내용을 문양과 글자로 함께 담아낸 것을 언제부터 사용했는지 알게 된다면, 우리는 그 안에 담긴 의미와 함께 역사가 숨겨져 있음을 발견할 수 있다. 이러한 점을 이해하기 위해서는 고대로 거슬러 가야 한다. 가장 먼저 건축의 부속품에 그려내고 찍어낸 흔적이 있었다. 그림으로, 그리고 한자로 공간을 기억했던 사람들이 있었던 것이다.

아시아 고건축의 가장 큰 특징 가운데 하나는 지붕이다. 건축의 탄생은 인류가 비와 바람, 그리고 짐승의 습격을 피할 장소를 찾으면서 시작되었다. 건축에 사용된 재료는 주변에서 쉽게 구할 수 있는 풀, 나무, 흙 등 자연에서 얻어지는 재료들이 중심이 되었으며, 기후와 지역에 따라 다양한 형태의 지붕이 만들어졌다. 우리나라만 해도 기와를 비롯하여 너와, 초가, 굴피 등의 지붕이 사용되었다. 예전에는 마을에서 가장 큰 집을 '고래 등 같은 기와집'이라고 표현했다. 오늘날 전통적인 건축물들은 거의 사라지고, 그 대신 높은 아파트들이 들어서면서 이런 기와지붕을 찾아보기가 쉽지는 않다. 왜 '기와지붕'을 고래의 등에 비교했을까? 이 표현에서 가장 먼저 떠오르는 것은 아마도 지붕의 크기 때문일 것이다. 과거에는 큰 기와집이 많지 않아 부유하고 웅장한 멋이 있는 기와집을 고래의 등에 비유했던 것이다.

아파트가 들어서기 전, 이층 양옥집과 단층 양옥집의 차이에서 빈부격차를 실감하던 시절이 있었다. 동네마다 단층 양옥집이 많았지만, 유독 이층 양옥집이 있는 집은 그 동네에서 가장 부유한 집으로 여겼던 시절도 있었다. 젊은 학생들은 고래 등 같은 기와집이나 이층 양옥집이 부유의 상징이었다는 것을 모를 것이다. 그러나 적어도 1980년대를 살아온 사람들이라면 흔히들 이해하는 가옥의 형태가 머릿속에 그려질 것이다. TV에서 방영한 〈응답하라 1988〉만 보아도 기와집보다는 양옥집이 눈에 들어온다. 그 시대를 살았던 사람들이 이런 드라마에 더욱 열광하는 이유는 그 당시의 삶에 대한 방식과 공간에 향수를 느끼기 때문일 것이다.

시간을 한참 거슬러 가면 기와로 지붕을 만들던 시대가 있었다. 고대국가에서 '고래 등 같은 기와집'을 지으며 살던 시대다. 일반 백

수키와(중국 시안 진전한와박물관 소장)

수막새(중국 시안 진전한와박물관 소장)

암키와(중국 시안 진옹성秦雍城 출토 현장)

암막새(양주시립회암사지박물관 소장)

성들의 가옥과는 확연하게 구분되는 상징적인 의미가 있다. 기와집은 부유함의 상징이자 신분의 상징이었다. 기와로 지어진 지붕은 항상 고위 관료가 살던 집이다. 지붕에 기왓장을 올려 지붕을 덮는 것은 당연히 일반 초가지붕과는 차이가 있다. 고대국가에서 지붕에 올린 기와를 상상해보자. 기와는 무엇이며, 어떻게 탄생했을까? 또한 기와가 놓인 지붕이 왜 신분과 부를 상징하는 요소가 되었을까?

기와가 처음 사용된 시기는 중국 서주西周 시기로 기와의 형태는 크게 네 가지로 구분된다. 기와는 지붕에 올려지는 건축 재료 중 하나인데, 장방형의 넓은 판 형태인 암키와와 함께 짝을 이루는 수키와 그리고 원형의 수막새와 직사각의 암막새로 구분한다. 시간이 흐르면서 특수 기와 등 다양한 형태의 기와들이 등장하게 된다. 기와는 흙을 소재로 하여 구워낸 재료로, 그 강도는 단단한 벽돌 정도다.

기와는 처음에는 장방형의 넓은 암키와와 수키와만 사용했다. 서주 중기에 이르러서야 반원형인 수막새 와당이 등장한다. 이 시기부터 등장한 와당 면에는 다양한 내용들이 채워져 있어서 당대의 문화사를 엿볼 수 있는 귀중한 자료가 되고 있다. 와당이 당대 문화를 알아보는 자료로 활용된다는 것이 다소 생소할 수 있을 것이다. 그 이유는 아마도 와당이 우리가 서 있는 눈높이에 있지 않고 고개를 들어도 잘 보이지 않는 지붕에 달렸기 때문이 아닐지 하는 생각도 든다. 국립중앙박물관 또는 일부 박물관에서는 기증받은 자료 또는 출토 와당을 전시하고 있다. 이를 통해 문양의 형태나

흥륜사(인천)

하회마을(안동)

시기별로 다르게 사용된 문양을 확인할 수 있다. 시기별 와당 문양의 형태도 중요하지만 왜 이러한 문양을 사용했는지 생각해보는 것도 중요하다. 그 속에는 당시 와당을 제작하고 사용한 사람들의 많은 사유가 들어 있다.

전통 건축은 자연 친화적인 소재를 사용하면서 동시에 부드러운 선과 면이라는 이미지를 가지고 있다. 또 지나치게 과도하지 않은 볼륨감도 있다. 전통 건축에는 '기와' 외에도 다양한 부수적인 건축 부속품들이 등장한다. 그중에서도 짙은 회색이나 회갈색으로 지붕의 가장 윗부분을 덮고 있는 기와는 전통 건축의 중후함을 더해준다. 언제든지 흘러내릴 것처럼 보이지만, 결코 흘러내리지 않는 단단함을 가지고 있다.

흙과 풀로 만들어진 지붕에 적게는 수십 장, 많게는 몇백 장의 기와를 얹게 되면 목조건축의 하중을 견디기가 어려워진다. 또한 비가 오거나 눈이 쌓일 때 그 무게는 상당했으며, 비가 흐르고 눈이 녹으면서 기와와 기왓골을 타고 흘러내리는 물의 무게 또한 만만치 않았다. 이러한 문제를 해결하기 위해 고대 인류는 목조건축의 견고함을 위한 새로운 고민에 직면하게 되었고, 그로 인해 목조건축은 지속적으로 발전하게 되었다. 이로써 자연으로부터 목조건축의 견고함을 지킬 수 있었고, 그 안에 머무는 사람들에게는 쾌적함을 줄 수 있었던 구조가 만들어진 것이다.

결과적으로 와당의 탄생은 단순히 지붕의 마감재 역할을 넘어서 고대 건축의 발전을 이끌어왔다. 와당은 자연재해로부터 목조건축

경기도 관청길, 기와지붕 전시 모형

의 수명을 연장시키고, 건축을 보호하며, 그 안에 거주하는 사람들에게 쾌적함을 제공하는 튼튼한 구조를 이루고 있다. 오랜 세월 동안 사용된 와당은 이제 전통 건축의 대명사가 되었으며, 이 공간에서 살았던 사람들은 그 장소를 기록했는데, 지금에 와서 보면 와당은 상당한 예술품으로 승화된 것이라 할 수 있다. 어쩌면 예술품보다 문화와 사상 그리고 세계관의 응집이었다는 것이 더 옳은 표현일지도 모른다.

와당은 공간을 기억하고 있다. 어느 시대 것인지, 누가 살던 곳인지를 기억하고 그 공간에 머물던 사람의 신분도 기록하고 있다. 이 공간에 머물던 사람들은 자신들이 살아오는 순간과 과정을 다양한

안동 하회마을에 있는 류시관, 류시원 문패

한대 문자 와당인 천추만세(千秋萬歲) 와당(중국 시안 진전한와박물관 소장)

의미로 기억하기 위해 건축의 가장 윗부분에 문양 혹은 문자로 메시지를 전하며 한 시대를 살고 있었다.

아파트가 들어서기 전, 각각의 가정마다 '아무개의 집'이라는 문패를 달아 놓았던 때가 있었다. 물론 지금도 이런 문패를 찾을 수 있지만, 아파트가 도시를 점령하면서 단독 주택은 점차 사라지고, 문패도 거의 사라지게 되었다. 문패를 통해 집주인의 이름을 알 수 있었듯, 와당에 배치된 글자와 문양을 통해 당시 사람들의 생각과 삶을 읽을 수 있다. 어쩌면 와당은 우리가 오래전에 사용하던 문패처럼, 주인의 이름이나 생각을 적는 역할을 했다고 볼 수 있다. '아무개가 살고 있는 집'이라고 이름이 적혀 있는 것처럼 집의 주인이 누구인지 알 수 있다. 와당에는 '천추만세千秋萬歲'와 같은 문구가 적혀, 집주인의 오래 살고 싶은 소망이 담겨 있다. 와당 문자에 집주인의 성씨가 적힌 와당도 있다. 문패와 와당의 유사한 점은 건축의 주인을 알 수 있는 어떠한 글씨가 있다는 것이고, 차이점은 하나는 신분의 상징이고 또 다른 하나는 그냥 집주인의 이름을 알려주는 것에 불과하다는 것이다. 신분의 상징과 그렇지 않은 것으로 와당 문자는 당시 신분과 권력을 알 수 있게 해준다.

안동 하회마을에 가보면 흔히 보이는 것들이 전통가옥이다. 집주인의 이름을 알 수 있는 문패가 달린 집들을 많이 볼 수 있다. 와당은 오늘날의 문패처럼 건축물의 사용자를 알리는 표지판 역할을 하기도 했다. 그러나 와당은 일반적으로 쉽게 사용할 수 있는 것이 아니었다. 왕과 관련된 건축물이 아닌 곳에서는 그 누구도 함부로 사용할 수 없었으니, 그 시작은 매우 특별했다. 와당을 처음 사용한 곳은 고대 왕실로 이곳에서만 사용되었던 독보적인 건축 재료였다.

2. 소망을 담아내는 공간

동아시아에서 와당을 사용한 시기는 약 3000년 전으로, 중국 산시성陝西省 일대에서 확인되고 있다. 당시 사용된 와당을 살펴보면, 사람들은 자신들이 원하는 이상理想을 문양이나 글자로 표현하고 있었다. 한자와 문양을 통해 공간을 기억했던 그들은 와당을 오직 그들만의 전유물로 사용했다.

지금 사용하는 와당은 공장에서 대량 생산되기 때문에 대부분 공장의 상표가 찍혀 있다. 고대와 마찬가지로 사용자가 원하는 문구를 담고자 한다면 와당을 직접 제작해야만 한다. 고대에 사용된 와당은 그들이 원하는 내용이 문양이나 글자로 시문되어 있으며, 와당은 특정 지배층만 사용할 수 있었다. 흥미로운 점은 '와당을 훔치면 사형에 처한다'라는 위협적인 문구도 등장했다는 것이다. 그들은 언제부터, 왜 이 공간에 순간을 기록하고자 했을까?

한 시대의 문화를 이해하는 방법은 다양하다. 우리가 살고 있는 지금도 문화를 형성하면서 기록이 가능한 역사의 순간 속에 살아가고 있다. 역사는 사건을 기록하는 것 외에도 그 사건을 기록한 주체가 중요한데, 와당에 새겨진 내용은 사관에 의해 기록된 것이 아니며, 사용자가 자유롭게 일상을 기록한 것도 아니다. 그럼에도 와당에 적힌 문양의 상징성이나 문자의 내용들은 또 다른 방식으로 당대의 역사를 기록하고 있었다.

전통 건축은 그 시대 사람들의 문화와 역사를 그대로 보여준다. 겉으로 드러나는 건축 양식만으로 건축을 이해할 것이 아니라, 그 안에 살던 사람들의 사유와 심미적 관점을 이해한다면 전통 건축의 또 다른 의미를 생각하게 될 것이다. 이러한 것을 기록하고 담아낸 것이 와당이었다. 전통 건축이라고 하면 흔히 기와가 지붕에 펼쳐진 모습을 쉽게 떠올릴 수 있다. 지금도 사찰이나 한옥에는 기와로 지붕을 만들고 있다. 그런데 오늘날 우리가 '전통'이란 단어의 의미를 찾으려 한다면, 무엇이 전통인지에 대한 답은 쉽지 않다.

나는 오랜 시간 동안 중국 고대 와당을 연구하면서 '전통'에는 고전과 문화와 스토리가 있어야 한다고 생각한다. 문화와 함께 스토리를 담아내는 것, 그것이 진정한 전통인 것이다. 이미 3000년 전 기와지붕은 문화에 대한 이야기를 담고 있었다. 와당은 전통과 스토리를 함께 담아낼 수 있는 기물이었고, 그것은 3000년이 넘는 역사 속에서 사람들에게 문화적 의미를 전달해왔던 것이다.

와당은 고대국가에서 신분과 권력, 또는 부를 구분하는 중요한 요소였다. 건축의 크기뿐 아니라, 지붕 가장자리를 마감하는 작은 와당이 그 역할을 했다. 와당은 시대가 변하면서 다양한 형태로 등장했는데, 시문된 내용들은 식물 문양, 별 문양, 구름 문양, 기하학적 문양, 그리고 장수와 부귀를 의미하는 글자들로 단순히 장식적 요소에 그치지 않고, 당시 사람들의 가치관과 세계관을 엿볼 수 있는 중요한 의미를 전달한다.

와당 면에 문양으로 시문된 것은 '문양 와당'이라 하고, 한자를 시문한 것은 '문자 와당'이라고 한다. 특히 문자 와당에는 같은 명문銘文이라 해도 서로 다른 글자체가 시문되는 것도 흔한 일이었다. 문자 와당은 서체 연구에서도 중요하지만, 문자 와당의 명문은 대부분 길상吉祥적인 의미를 70퍼센트 이상 담고 있어, 길상적 내용을 쓰고 싶었던 이유를 궁금케 하는 독특한 기물이기도 하다. 원형의 작은 공간에서 말이다.

와당에 새겨진 문양이나 글자는 대부분 전서체로 처리했으며, 예서나 예술적 미가 가미된 글자체도 등장했다. 글자의 수는 한 글자부터 열 글자가 넘는 문구까지 다양했으며, 이렇게 다양한 문양과 문구들은 와당의 면을 장식하는 역할을 했다. 문자가 담긴 와당은 특히 길상적 의미가 담겨 있는 경우가 많았는데, 당시 사람들의 소망을 담고 있음을 시사하고 있다. 따라서 와당은 전통 건축의 기물학적 연구에 중요한 소재일 뿐만 아니라, 심미적·예술적 범주에서도 감상할 수 있다. 오히려 시각적인 면에서 꼼꼼히 살펴본다면 전통 건축의 미를 강조했던 당대의 타이포그래피라 할 수 있는 글자 예술의 독창성이 있다고 말할 수 있다.

한 도시를 방문하면 가장 먼저 눈에 띄는 것이 바로 그 지역의 건축물이다. 그 도시의 특색을 바로 알 수 있기 때문이다. 예를 들어, 외국인들이 우리나라의 고궁을 보면, 그들과 다른 독특한 건축 양식을 통해 큰 호기심을 가지게 된다. '다르다'라는 것은 그 자체로 많은 의미를 내포하고 있다. 중국의 고궁은 지붕의 형식뿐 아니라 붉은색과 황금색의 건축물이 많아 화려해 보이지만 때로는 청색을 입히기도 하여 차가운 느낌을 준다. 일본의 고궁은 상대적으로 단조롭고 깔끔한 이미지를 가지고 있다. 우리나라의 전통 건축은 중국이나 일본과는 다른 독특함을 찾아볼 수 있는데, 가장 눈에 띄는 차이는 바로 단청과 기와지붕이다. 단청의 화려함과 기와지붕의 안정감은 전통 건축의 미를 강조하는 중요한 요소다.

경복궁(한국)

자금성(중국)

히메지성(일본)

 어느 시대든지 사람들이 모여 사는 곳에는 그들만의 언어, 문화, 그리고 관습이 존재한다. 그래서 우리는 서로 다른 도시들이 가진 독특한 건축 양식을 보고, 그 앞에서 사진을 찍으며 그 도시의 특징을 기억하려 한다. 그것은 우리가 그 도시에서만 접할 수 있는 다른 공간에서의 특별함을 느끼기 때문일 것이다. 이것이 바로 건축이 주는 시각적 감성과 도시를 기억하는 방식일 것이다. 결국, 도시가 가진 매력은 그 도시의 건축에서 시작된다. 건축의 규모나 크기에 관계 없이, 우리는 그 도시를 다양한 방식으로 평가하게 된다. 지면 위에 세운 건축물은 점과 선, 면의 결합으로 완성된 공간이다.
 그렇다면 고대국가에서 건축은 무엇을 의미했을까? 오늘날의 관점에서 보면, 우리는 고대의 건축을 통해 그 시대의 문화를 이해하고, 그 공간에서 살아온 사람들의 관습을 엿볼 수 있다. 그러나 조금 더 깊이 생각해보면, 고대 건축이 제공하는 것 가운데 가장 중요한 것은 쾌적함, 즉 건축의 내구성이다. 자연재해와 외부의 공격으로부터 사람들을 보호하는 것이 건축의 가장 중요한 기능이었기 때문이다.

건축은 실용성을 가장 큰 목적으로 해서 시작되었다. 고대 건축은 외형적인 미뿐만 아니라 시간과 공간까지 담고 있다. 당시 사람들이 사용한 건축은 '심미적 의식의 표현'일 수 있었으며, 또 다른 측면에서는 '누구를 위한 건축인가'라는 질문을 던지게 한다. 여기에는 매우 복잡한 문제가 얽혀 있다. 비록 건축은 실용적인 목적에서 출발했지만, 단순한 생활공간 그 이상의 의미를 지니고 있다. 그 단서를 제공하는 것이 바로 '와당'에 등장하는 문양과 문자다. 따라서 건축은 그 공간에 머물던 사람들의 세계관을 그대로 담아내는 장소였다고 할 수 있다.

고대 건축에서 우리는 무엇을 읽어야 할까? 선사시대 자료에서 알 수 있듯, 인류는 정착 생활을 시작하면서 자연과 외부 환경으로부터 자신을 보호하기 위한 수단으로 집을 짓기 시작했다. 건축은 실용성에서 출발했다. 어떻게 하면 추위와 자연의 위협으로부터 몸을 지킬 수 있을까 하는 것이 가장 큰 고민이었다. 비바람과 맹수의 공격으로부터 자신을 지키기 위해 가장 중요한 것은 무엇보다도 '튼튼한 집'을 짓는 일이었을 것이다.

당시 사람들은 평지보다 낮게 땅을 파서 기둥을 세우고, 자연에서 쉽게 얻을 수 있는 나무, 흙, 풀 등을 재료로 사용했다. 모두 자연에서 구할 수 있는 소재들이었다. 내부와 외부의 구조적 측면에서도 일정한 균형미를 갖춘 집을 지으려 했던 것으로 보인다. 여기에 자신들의 필요에 따라 공간을 구획하고, 구획과 건축의 구조적 문제를 고민하면서 지붕은 이엉, 굴피, 너와, 기와 등을 주재료로 사용하게 된다.

이처럼 집을 짓는 행위는 정착 생활이 가능해지면서 시작되었다. 만약 인류가 정착하지 않았다면, 건축은 과연 어떤 형태로 발전해 왔을까? 건축의 시작은 바로 이와 같은 질문에서 출발한다.

집을 짓는 데 있어 지붕은 매우 중요한 요소다. 지붕은 단순한 덮개 이상의 역할을 하며, 특히 기와의 무게를 지탱하기 위해 목조건축의 발달을 이끌기도 했다. 그렇기에 기와지붕은 건축적·예술적·실용적, 그리고 심미적인 감각이 모두 어우러진 선과 면의 결합체라 할 수 있다. 기와지붕은 좌우로 대칭을 이루며, 이 대칭 속에서도 어긋남 없는 균형감과 리듬감이 요구된다. 지붕의 중앙을 중심으로 곡선과 직선이 대비되며 조화를 이루고, 그 속에서 운율감도 느껴진다. 특히 눈이 쌓인 기와의 골을 바라보면, 곡선과 직선이 만들어내는 아름다움을 더욱 선명하게 느낄 수 있다.

서로 다른 지붕에서도 가장 먼저 눈에 들어오는 건 역시 지붕 그 자체다. 좌우로 넓게 펼쳐진 기와지붕은 마치 금세라도 쏟아질 것처럼 보이면서도, 하늘로 솟아오를 듯한 멋진 기세를 가지고 있다. 그런데 그 모습이 전혀 과하지 않고, 오히려 단정하고 고요한 아름

기와지붕

다움을 느끼게 해준다.

　기와지붕을 만들려면 흙, 나무, 그리고 기와가 꼭 필요하다. 그중에서도 마무리 단계에서 올라가는 '기와'에 대해 좀더 자세히 얘기해보려 한다.

　기와는 인류가 오랜 세월 동안 만든 많은 기술 중에서도 뛰어난 건축 마감재 중 하나다. 또 기와를 사용하던 사람들의 생각과 삶의 방식이 고스란히 담겨 있는 독특한 물건이기도 하다. 기와는 약 3000년 전부터 만들어지기 시작했다. 그렇다면 지붕에 기와를 얹는다는 아이디어는 어디서 나왔을까?

　예로부터 사람들은 자연에서 얻을 수 있는 재료를 참 잘 활용했다. 자신들이 사는 환경 속에서 쓸모 있는 걸 찾아내고, 그것을 생활에 적용하는 데에 아주 능숙했다. 오랜 시간 쌓은 경험과 지혜가 있었기 때문이다. 기와 만들기 기술은 도기를 만들던 경험에서 시작되었고, 시간이 흐르면서 기술은 점점 발전하게 된다. 이렇게 만들어진 기와는 흙과 나무로 짓는 전통 건축에도 큰 영향을 준다. 지붕에 기와를 올릴 때, 그 사이에 흙을 채워가며 겹겹이 얹는데, 이 과정에서 기와와 흙의 무게를 견딜 수 있도록 건물 구조를 튼튼하게 만들어야 했다.

기와는 가볍지 않다. 지붕의 크기에 따라 수백 장이 필요하고, 그 사이사이에 채워 넣는 흙의 무게까지 더한다면 그 무게는 상당하다. 이 무게를 지탱하려면 서까래, 기둥, 보 같은 집의 뼈대를 훨씬 더 튼튼하게 만들어야 했다. 지금 우리가 보기엔 이런 과정이 복잡하지 않아 보일 수도 있지만, 당시 사람들에게는 아주 큰 도전이었을 것이다.

기와는 단순한 지붕의 마감재가 아니었다. 흙과 불, 그리고 사람의 손이 함께 어우러져 만들어낸 기와 한 장에는 기술과 감각, 그리고 삶의 무게가 담겨 있다. 지붕 위에 얹히기까지 기와는 참 많은 손길을 거친다. 무엇보다 중요한 건 흙이다. 기와를 만들기 위한 흙은 그냥 아무 흙이 아니다. 수백 번, 수천 번 치대며 불순물을 걸러내고 공기를 빼낸 고운 흙. 이 과정을 거쳐야만 비로소 견고하고 형태가 이쁜 기와가 나온다. 요즘 말로 하자면 '정제된 고급 재료'랄까. 기와는 대부분 높은 온도의 가마에서 구워져 나온다. 하지만

흥륜사 대웅전(인천)

흥륜사의 기와

아주 오래전, 고대 사회에서는 가마가 아닌 자연 건조 방식으로 만든 기와도 있었다. 지금은 남아 있는 흔적이 거의 없어 그 모습을 정확히 알 수는 없지만, 기록에 따르면 바람과 햇살에 말린 기와도 있었던 모양이다.

기와를 지붕에 올리는 방식도 참 까다롭다. 그냥 얹는 것이 아니라 흙을 사이사이에 섞으며 겹겹이 쌓는다. 이 방식은 단순히 기와를 고정하는 기능을 넘어서, 기와의 무게와 구조적 하중을 분산시키는 효과도 있다. 그리고 바로 이 무게 덕분에 건축은 또 한 번의 진화를 겪게 된다. 기와 수백 장의 무게, 그 사이를 잇는 흙의 무게, 그리고 그 모든 것을 떠받치는 목조건축의 골격이 그러하다.

집을 짓는다는 것은 단순히 공간을 만드는 것이 아니라, 무게와 균형, 구조를 계산하는 일이었다. 기둥(柱)은 더 굵어졌고, 보梁(들보)는 이전보다 훨씬 더 정교해졌고, 서까래는 더 길게 설계되었다. 기와 한 장이 건축의 틀을 바꾼 셈이다. 기와 한 장에 담긴 것은 시간이었고, 기억이었고, 사람이었다.

서로 다른 집들을 바라볼 때 우리 눈에 가장 먼저 들어오는 것은 무엇일까. 나는 늘 지붕이 먼저 보인다. 좌우로 넓게 펼쳐진 기와지붕은 금세 쏟아질 듯이 무게감 있게 드리워져 있으면서도, 하늘로 날아오를 듯한 곡선을 그린다. 그 안에는 과하지 않은 단아함, 그리고 오랜 세월을 견뎌온 집의 품격이 고스란히 담겨 있다.

'기와'는 고대 인류가 만들어낸 가장 독특한 건축 마감재 가운데 하나다. 단순히 실용적인 역할을 넘어서, 기와에는 당시 사람들의 의식과 문화, 삶의 태도까지도 함께 담겨 있었다. 고대 인류는 당시의 환경 속에서 살아남기 위해 자연의 재료를 아주 능숙하게 활용했다. 흙은 단순한 재료가 아닌, 그들과 함께 한 삶 그 자체였다. 음식을 저장하는 도기를 만들던 손으로, 지붕을 덮는 기와를 만들었다. 그렇게 도기 제작의 경험이 기와 제작으로 이어졌고, 기와의 사용은 전통 목조건축의 구조까지도 변화시켰다.

기와는 무겁다. 한 채의 집을 지으려면 수백 장 이상의 기와가 필요하고, 이를 잇는 흙까지 더하면 지붕은 엄청난 하중을 견뎌야 한다. 그 무게를 버티기 위해 서까래와 기둥, 보 등 모든 구조가 튼튼하게 만들어져야 했고, 기초공사도 더욱 정밀해졌다. 결국 기와는 단순한 덮개의 역할을 넘어서, 전통 건축 전체의 기술적 발전을 이끈 원동력이 된 셈이다.

3. 기와가 남긴 기록

기와는 누구나 쓸 수 있는 건축 재료가 아니었다. 겉보기에 단순한 지붕의 기와 한 장이지만, 그 위에는 오랜 시대를 관통한 위계질서가 얹혀 있다. 지금은 거리에서 흔히 볼 수 있는 기와지붕이지만, 예전에는 아무 집이나 함부로 기와를 올릴 수 없었다. 기와는 곧 권위와 신분의 상징이었다. 왕궁이나 사찰, 고위 관료의 집같이 특정 건물에서만 기와가 허용되었다. 일반 백성들은 초가지붕이나 너와

초가지붕 ⓒ 촬영자 정연학

너와지붕 ⓒ 촬영자 정연학

굴피지붕 ⓒ촬영자 정연학

지붕을 사용해야 했고, 기와를 사용한다는 것만으로도 '어딘가 특별한 사람'이라는 의미가 되었다.

　기와지붕 아래 사는 사람은 누군가의 존경을 받는 위치였고, 그 집은 마을에서도 단번에 눈에 띄는 곳이었다. 지붕의 모양도 달랐다. 위로 치솟는 용마루, 화려한 문양이 들어간 잡상雜像, 이 모든 것이 권력의 언어였다. 지붕은 단순한 구조물이 아니라, 말 없는 신분증 같은 역할을 했던 것이다.

　더 나아가 기와의 문양도 그 사람의 지위나 건물의 성격에 따라 달라졌다. 용, 봉황, 연꽃, 구름 등 상서로운 상징들이 시문되었는데, 단순한 미적 요소를 넘어서 '이 집에 대한 의미를 지닌 곳'으로 세상에 드러내는 일종의 표시였다. 지붕을 올린다는 건 단순한 건축 행위가 아니라 '사회적 선언'이었다. 그래서인지 지금도 고건축을 볼 때마다 가장 먼저 눈길이 가는 것은 지붕이다. 지금은 콘크리트와 유리로 만든 건물이 세상을 가득 채우고 있다. 하지만 가끔 기와지붕을 마주할 때 알 수 없는 평온함을 느낀다. 기와는 과거의 것이지만, 여전히 오늘의 우리에게 말을 건넨다. 자연과 함께 살고자 했던 사람들, 정성과 기술로 만들어낸 집, 그리고 그 속에서 피어난 삶의 이야기. 기와 한 장 위에는 바람이 지나가고, 그 아래에는 시간이 쌓인다. 그리고 우리는 그 시간을 따라, 기와가 남긴 이야기를 들여다본다.

궁궐 지붕에는 '용龍'과 '봉황鳳凰'이 등장하는데, 그 이유는 왕과 왕비의 상징이었기 때문이다. 기와 한 장 한 장에도 권력의 소리가 조용히 새겨져 있었던 것이다. 그렇다면 민가는 어땠을까?

고대국가에서 일반 백성의 민가는 대부분 초가집이었다. 기와집은 쉽게 지을 수 없는 구조였고, 그래서 오랜 꿈이자 목표였다. 예전 어른들은 "기와집 한 채 짓는 게 소원이었지"라는 말을 하곤 했는데, 여기에는 단순한 주거의 개념을 넘어선 삶의 자부심이자 경제적·사회적으로 안정되었다는 의미기도 했다. 기와집을 짓는다는 건 단순히 지붕을 바꾸는 일이 아니라, 삶의 수준이 올라갔다는 것을 뜻했다. 기와는 그렇게 신분의 경계를 만들기도 하고, 그 경계를 넘어설 수 있는 꿈이 되기도 했다.

상당한 무게가 나가는 기와는 언제부터 사용했을까. 가장 빠른 기록은 중국 《고사고古史考》에서 찾아볼 수 있다. 하나라 시기(기원전 21세기~기원전 16세기) 곤오씨가 기와를 만들었다는 기록이다.[1]

하시곤오씨작와夏時昆吳氏作瓦
(하나라 시기 곤오씨가 기와를 만들었다)

기와는 단순한 건축 재료가 아니라, 당대의 기술과 미감, 그리고 문명이 담긴 조형물이기도 하다. 오늘날 우리가 익숙하게 보는 원형의 와당, 즉 수막새는 사실 처음부터 있었던 형태는 아니다. 기와의 역사 속에서 초기에는 훨씬 더 단순한 형태만이 사용되었다.

초기의 암키와 연결 방식(서주 시대)

이 시기에 사용된 기와는 지붕을 덮는 널빤지 모양의 '판와板瓦', 우리가 흔히 암키와라고 부르는 것이 주를 이루었고, 그 위에 반원통형의 수키와 '통와筒瓦'를 얹는 방식이 일반적이었다. 이 두 가지 조합은 기와의 가장 기초적인 형태로, 물을 흘려보내고 지붕을 단단하게 덮는 구조였다.

원형의 와당, 즉 수막새는 서주 시기 중기를 지나면서야 비로소 등장하기 시작한다. 기와가 점차 기능성뿐 아니라 심미성과 상징성을 띠기 시작한 시점은 그 이후의 춘추전국 시기를 지나면서다.

고대 건축은 실용적인 목적을 넘어서, 당시 사회의 기술 수준과 미적 감각, 더 나아가 철학까지 반영한 집약적인 구조물이다. 특히 지붕은 고대 건축에서 가장 눈에 띄는 부분이자, 건축의 위계와 의미를 가장 명확하게 보여주는 요소였다. 전통 건축은 크게 지붕, 마당, 칸(구획)이라는 세 가지 구조로 이루어졌지만, 그중에서도 지붕은 건축의 얼굴이자 상징이었다.

아시아의 여러 전통 건축, 이를테면 중국, 일본, 한국의 고건축을 보면 공통적으로 지붕에 기와를 얹는 구조를 하고 있다. 하지만 그 형태와 기법, 사용하는 문양은 각기 달랐고, 그것은 곧 각 나라의 문화적 정체성과 직결되었다. 그렇다면 우리나라는 언제부터 기와를 사용했던 것일까? 기원전 108년, 한무제漢武帝가 평양에 사군四郡을 설치하면서 기와가 본격적으로 한반도에 전해졌다. 평양 대동강 유역의 토성리 일대에서는 한나라 계통의 와당과 기와가 다량으로 출토되었으며, 이는 곧 외래 문물의 유입을 보여주는 대표적

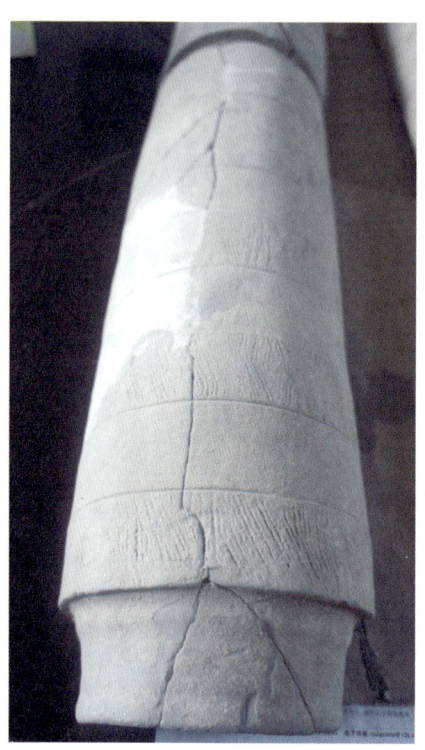

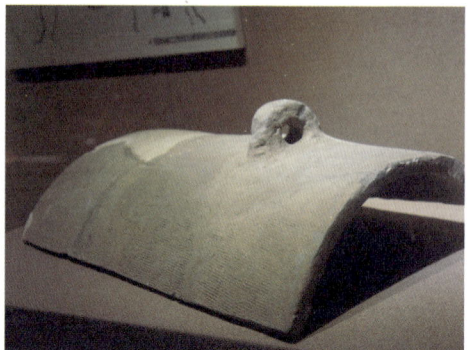

암키와(중국 시안 진전한와박물관 소장)

진옹성 출토 수키와(중국 시안 진전한와박물관 소장)   수키와와 암키와(중국 시안 진전한와박물관 소장)

인 증거다. 특히 낙랑군 치소治所에서 출토된 '낙랑예관樂浪禮官'은 문자가 시문된 와당으로 이 시기 대표적인 와당 중 하나다. 와당 면에 문자가 시문된 것은 단순한 장식이 아니라, 당대 국가 조직과 행정 체계의 일부가 지붕 위에서도 표현되고 있었음을 보여준다. 문양과 문자는 중국 한대漢代의 것과 유사했지만, 자세히 들여다보면 낙랑 특유의 지역성과 양식이 녹아 있다. 다시 말해, 단순한 모방이 아닌 외래 문물을 수용하면서도 발전, 변화하면서 우리나라의 와당 문화를 만들어낸 것이다. 기와는 그렇게 외부에서 유입되어 우리의 건축과 일상에 뿌리를 내리기 시작했고, 시간이 흐르며 점점 더 한국적인 모습으로 발전해 나갔다. 중국 한나라의 영향을 받아들이되, 단순한 복제가 아니라 스스로의 미감과 실용성에 맞추어 변형하고 해석해 나갔던 것이다.

중국 내몽골의 호화호특시呼和浩特市 촌락 입구에 남아 있는 고대 주거의 흔적을 살펴보면, 나무껍질의 넓은 면을 이용해 지붕을 덮고 장식한 모습이 눈에 띈다. 이 형식은 마치 가장 오래된 형태의 기와, 즉 하나라 시기 암키와의 원형과도 흡사한 인상을 준다. 기와가 처음 만들어졌을 때는 단순히 지붕을 덮기 위한 도구에 불과했을지 모른다. 그러나 그 안에는 이미 자연을 활용해 삶을 영위하려는 인간의 지혜가 깃들어 있었다.

이러한 기와는 이후 중국을 중심으로 동아시아 전역으로 퍼져나갔다. 우리나라를 비롯해 일본과 동남아시아까지, 기와는 널리 쓰이는 지붕 마감재가 되었다. 그러나 그 쓰임에는 분명한 한계와 규율이 있었다. 고대 중국에서는 일반 가옥이 아닌 궁궐이나 관청 같은 국가적 건축물에 한해 기와지붕이 사용되었다. 이것은 단순한 실용성 때문만이 아니라, 건축을 통해 사회적 위계와 권위를 시각적으로 드러내기 위한 의도였다. 건물을 사용하는 사람의 신분을 외형으로 표현했던 것이다. 오늘날에는 전통 건축의 상징으로 여겨지는 기와지붕이, 과거에는 신분과 권력의 상징으로 엄격히 구분되

내몽골자치구 호화호특시 청수하현북보촌(淸水河縣北堡村)

어 있었던 셈이다.

    기와의 명칭에서도 중국과 우리나라의 문화 차이를 읽을 수 있다. 우리는 '기와'라는 말을 일상적으로 쓰지만, 한자 표기로는 '와瓦'가 된다. 중국에서도 이 한자를 쓰지만, 사용 방식은 훨씬 넓고 다양하다. 중국에서는 흙을 빚어 가마에 구운 것을 모두 '와瓦'라고 칭하며, 그 형태나 용도에 따라 여러 접두어를 붙여 구체적으로 구분한다. 예를 들어, 지붕의 평면을 덮는 널빤지 모양의 기와는 '판와板瓦'라고 부른다. '판板'은 널빤지, 넓은 면을 뜻하는 말로, 우리나라에서 말하는 암키와에 해당한다. 그 위에 덮는 반원통형의 기와는 '통와筒瓦', 즉 수키와다.

초기 고대 건축에서는 이 두 가지, 판와와 통와(암키와와 수키와)만이 사용되었다. 그런데 이 방식에는 분명한 한계가 있었다. 기와를 겹쳐 얹는다 해도, 빗물이나 눈이 지붕 틈을 타고 처마 아래로 스며들 위험이 있었기 때문이다. 이런 문제를 보완하기 위해 등장한 것이 바로 와당瓦當, 즉 막새기와다. 이 와당은 단순한 장식이 아니라, 지붕 끝단을 마감해 물의 침투를 막는 실용적인 장치였다. '와당'이라는 말 속에도 이 기능이 담겨 있다. 여기서 '당當'은 '막다'라는 의미를 지니며, 따라서 와당은 '기와를 막는 것', 즉 기와 끝을 막아주는 기능적 마감재인 셈이다.

이렇듯 '와瓦'와 '당當'은 한자 하나만으로도 그 용도와 기능이 확연히 구분되었다. '와'는 흙을 빚어 구운 기와라는 재료적 특성을 드러내고, '당'은 그 기능적 마무리를 강조하는 말이었다. 암키와·수키와·와당, 이 세 가지 기와는 흙을 정제하여 형태를 성형하고, 1000도 이상의 고온에서 구워내어 만들어진 것으로, 전통 목조건축의 지붕에서 결코 빠질 수 없는 마감재였다.

4. 하늘과 땅에서 가장 먼저 보이는 것

만약 하늘에서 인간 세상을 내려다본다면, 가장 먼저 눈에 띄는 것은 높고 단정하게 솟아 있는 기와지붕일 것이다. 반대로 우리가 땅에서 하늘을 올려다본다면, 처마 밑에 서서 고개를 들어 하늘을 바라볼 때 가장 먼저 보이는 것도 결국 기와지붕의 선과 곡선이다. 하늘과 땅, 위아래의 경계에서 언제나 가장 먼저 시선을 사로잡는 것, 그것이 바로 기와다.

맑은 날 햇살을 받아 은은하게 빛나는 기왓골, 흐린 날 먹구름 아래 고요히 앉은 지붕의 실루엣, 그리고 비가 오는 날 기와를 타고 흐르는 빗방울의 리듬은 듣는 이의 마음을 따뜻하게 적셔준다. 겨울이면 눈이 소복이 내려앉아 기왓골마다 작은 눈의 언덕을 만들고, 그 위에 살포시 내려앉은 고요한 정적은 마치 오래된 풍경화를 보는 듯하다. 어느 계절, 어느 날씨든 기와지붕은 자신의 방식으로 계절을 품고, 그 속에서 살아가는 이들의 감정을 조용히 감싸준다.

빠르게 변해가는 현대 도시의 풍경 속에서도, 기와지붕은 여전히 시간의 결을 품은 채 그 자리에 있다. 화려하지 않지만, 그 조용한 아름다움은 도시를 찾은 사람들의 발걸음을 멈추게 한다. "와, 저 지붕 좀 봐." 낯선 도시의 한복판에서도 우리는 서로를 향해 그렇게 말하게 된다. 기와가 유독 아름다워서일까? 아니면 우리를 잠시나마 멈춰 서게 만든 그 잔잔한 고요함 때문일까?

기와는 단순한 건축 재료를 넘어서, 우리가 잊고 지냈던 시간의 흐름과 계절의 변화를 느끼게 해주는 풍경이 된다. 하늘과 땅, 그 사이 어딘가에 항상 조용히 놓여 있는 기와지붕은 그렇게 과거와 현재, 사람과 자연, 멈춤과 흐름을 잇는 매개가 되어주고 있다.
　아시아의 건축이라 하면 자연스레 떠오르는 이미지들이 있다. 곡선을 따라 부드럽게 흐르는 기와지붕, 기둥과 기둥 사이로 하늘을 품는 목조 누각, 화려한 색채와 문양이 어우러진 단청 등은 이 지역의 건축 문화를 대표하는 상징들이다. 이 가운데 특히 기와지붕은 오랜 세월을 거쳐 이어져 온 전통 건축의 얼굴이자, 신분과 권위를 상징하는 건축 요소로 깊은 인상을 남긴다.
　기와지붕은 흔히 초가집과는 대비되는 형태로 인식된다. 기와는 단순한 지붕재를 넘어, 특정한 계층만이 사용할 수 있었던 권력의 상징이었다. 실제로 기와지붕이 처음 사용된 시기는 왕이 하늘 아래 모든 것을 다스리던 시대와 겹친다. 한 시대의 중심이 되었던 궁궐이나 제례 공간에만 기와가 얹혔고, 그 지붕의 무게와 형태는 곧 권위와 위엄의 표시였다.
　시간이 흐르며 기와지붕은 왕실 건축에서 점차 사대부의 저택으로 확산되었다. 사회적 신분과 지위가 일정 수준 이상인 사람들만이 기와를 얹은 집에 거주할 수 있었으며, '고래 등 같은 기와지붕'이라는 표현은 더 이상 궁궐에만 국한되지 않고, 웅장하고 호화로운 사대부 가옥의 상징으로 자리잡았다.
　지금도 우리는 궁궐이나 사찰, 혹은 일부 전통가옥에서 기와지

동학사(충남 공주)

용문사(경기도)

선암사(전남 순천)

붕을 흔히 볼 수 있다. 하지만 이처럼 보편화되기 이전의 기와지붕은 오직 특정 계층만이 사용할 수 있었던 특권이었다. 그런 점에서 초기 기와 건축의 형태를 다시 살펴보면, 단순히 기능적인 구조물을 넘어 그 속에 담긴 심미적·상징적 의미를 더욱 깊이 이해할 수 있게 된다.

기와의 구성은 기본적으로 암키와, 수키와, 그리고 막새로 이루어진다. 그중 막새는 기와지붕의 끝을 장식하며 문양이나 글자를 새길 수 있는 부분이다. 막새의 문양은 크게 무문無文과 유문有文으로 나뉘며, 특히 유문의 경우 시대별·지역별로 서로 다른 특징을 지니고 있어 고대사나 문화사를 연구하는 데 중요한 자료가 된다. 현재에도 궁궐이나 사찰의 지붕에서 확인할 수 있는 문양들은 대부분 비슷한 형태를 띠지만, 초기에는 문양조차 신분에 따라 구분되어 사용되었고, 그 차이는 매우 분명했다.

기와지붕 아래의 공간도 흥미롭다. 기와를 얹은 집은 대개 넓은 마당을 갖추고 있었고, 담장은 높지 않아 외부에서 집 안 풍경이 아련히 들여다보이곤 했다. 이러한 낮은 담벼락은 오히려 폐쇄가 아닌 개방의 미를 드러내며, 전통가옥의 여유로운 분위기를 완성시킨다. 바람이 스치는 소리, 기왓골을 타고 흐르는 빗물, 사계절의 변화를 고스란히 받아내는 지붕 위 풍경은 그 자체로 하나의 문화이며, 자연과 함께 숨 쉬는 삶의 방식이기도 했다.

이렇듯 기와는 단순한 건축자재 이상의 의미를 지닌다. 그것은 시대의 권력 구조를 반영하는 기호이자, 자연과 어우러져 살아간 방식을 보여주는 인류의 문화유산이다.

우리나라에서 마을 전체가 전통 건축의 기와지붕으로 이루어진 곳을 떠올린다면, 단연코 안동의 하회마을이 그 대표적인 예일 것이다. 이곳은 시간의 흐름을 비켜 간 듯 전통가옥이 즐비하게 늘어서 있으며, 그 자체로 살아 숨 쉬는 역사이자 문화의 보고다. 가옥 중 일부는 보물 혹은 국보로 지정되어 있을 만큼 문화재적 가치가 높으며, 마을 전체가 문화재로 관리되고 있다.

하회마을은 2010년, 우리나라에서 열 번째로 유네스코 세계문화유산에 등재되었다. 600여 년의 세월 동안 풍산류씨 일가가 대대로 살아온 이 마을은 기와집과 초가집이 조화롭게 공존하는 한국 전통 마을의 전형을 보여준다. 위계와 신분에 따라 구획된 가옥

하회마을(안동) ⓒ 한국관광공사_촬영자 정용현

의 형태는 단지 건축 양식의 차이를 넘어서, 한 사회의 질서와 문화를 담고 있는 구조물이기도 하다.

  마을을 거닐다 보면 기와지붕 너머로 보이는 산자락과 고요히 쌓인 돌담과 토담 위에 덧댄 기와 장식들이 자연스럽게 시선을 머무르게 한다. 마치 기와 한 장 한 장이 오랜 세월의 숨결을 머금고 있는 듯한 느낌을 준다. 기와지붕이 만들어내는 부드러운 곡선, 돌담의 투박한 질감, 토담의 따스한 색감은 서로 대비되면서도 절묘하게 조화를 이루고 있다.

　일반적으로 기와지붕을 얹은 전통 목조건축에는 마당을 중심으로 토담이나 돌담이 함께 어우러져 배치된다. 이는 단순한 공간 분할을 넘어서, 집과 자연, 사람과 공간의 관계를 세심하게 고려한 전통 건축의 미학을 잘 보여준다. 하회마을은 바로 그러한 미학이 살아 있는 공간이며, 기와지붕과 담장, 마당과 골목이 어우러져 전통과 자연의 멋을 온전히 느낄 수 있는 소중한 장소다.

　경상북도 안동시 서후면 천등산 자락에 자리잡은 봉정사는 신라 문무왕 12년(672)에 의상대사의 제자인 능인 스님에 의해 창건된 고찰이다. 능인 스님이 수도하던 중, 그의 깊은 도력에 감탄한 선녀가 천상에서 등불을 내려주었다는 전설이 전해진다. 이후 스님은 자신의 수행이 더욱 깊어졌음을 깨닫고, 종이로 봉황을 접어 날렸다고 한다. 그 봉황이 날아와 머문 자리에 절을 세우고, '봉황 봉鳳' 자와 '머물 정停' 자를 따 '봉정사鳳停寺'라 이름 지었다.

　이처럼 봉정사는 단지 역사적 유산일 뿐 아니라, 신화와 전설이 어우러진 이야기의 공간이기도 하다. 오랜 세월 동안 수많은 중창과 보수를 거치면서도 본래의 아름다움과 전통을 고스란히 간직하고 있다.

　이곳에는 국보 제15호로 지정된 극락전과 국보 제311호인 대웅전, 보물 제448호 화엄강당, 보물 제1614호 후불벽화 등 귀중한 문화재들이 전해지고 있다. 특히 봉정사의 극락전은 현존하는 가장 오래된 목조 건축물로서, 한국 전통 건축의 정수를 고스란히 보여

봉정사(경북 안동) ⓒ 한국관광공사_촬영자 김지호

주는 귀중한 사례다. 그 가운데 대웅전은 금방이라도 쏟아져 내릴 듯한 중후한 기와지붕의 곡선미가 단연 눈에 띈다. 겹겹이 정연하게 얹힌 기와는 마치 파도처럼 흐르며, 그 리듬 속에서 조형미와 구조미가 어우러진 전통 건축의 정수를 엿볼 수 있다. 하늘을 향해 완만하게 퍼지는 처마 곡선은 장중하면서도 우아하고, 기와 한 장한 장이 만들어내는 그림자는 햇빛의 각도에 따라 다양한 표정을 지어낸다.

기와지붕은 단순한 마감재가 아니다. 봉정사의 지붕을 바라보고 있으면 그 곡선 아래에 깃든 오랜 역사와 수행의 시간이 같이 겹치며, 자연과 인간이 함께 빚어낸 위대한 건축의 숨결을 느낄 수 있다. 봉정사는 단순히 오래된 사찰이 아니라, 한국 건축의 본질을 만날 수 있는 살아 있는 문화유산이자, 기와가 품은 미학이 녹아 있는 공간이다.

비행기로 2시간 30분 정도를 가면 대만 국립고궁박물원 옆에 위치한 지선원至善園에 도착할 수 있다. 1984년에 조성된 중국 전통 정원으로 박물관 입구에서 오른쪽에 자리하고 있다. 공원의 면적은 그다지 크지는 않지만, 고궁박물원에 가게 되면 잠시 들러 쉬고 오기에 매우 아름다운 곳이다. 이곳에 사용된 기와지붕은 일반적으로 중국에서 흔히 보이는 것과는 많이 다르다. 특히 지선공원의 기와와 와당에는 문양이 아닌 네 글자로 이루어진 문자 와당을 배치하고 있다.

청일전쟁(1894~1895)에서 일본에 패배한 청나라는 시모노세키조약을 통해 대만을 일본에 할양했다. 이로 인해 약 50년 동안, 대만은 일본의 식민 통치 아래 놓이게 되었다. 이 시기 대만은 일본의 산업 실험장이자, 제국의 자원기지로 기능하게 되며, 다양한 경제 개발과 인프라 확장이 이루어졌는데, 특히 '차 산업'은 그 중심에 있었다.

대만 신베이시 삼협三峽 지역에 위치한 대료차문관大寮茶文館은 이러한 시대적 배경 속에서 탄생한 장소다. 1899년, 일본의 대형 기

지선원(대만 타이베이)

업 미쓰이합명회사三井合名會社는 대만에서의 차 생산을 위한 실험 농장을 설립하며 대만 차 산업의 기초를 닦기 시작했다. 이어 1924년에는 삼협 죽곤竹崑 지역에 대료차장大寮茶場을 세워 본격적인 차 생산에 나섰다. 이곳에서는 주로 인도 아삼Assam주의 품종을 들여온 아삼종 홍차를 대량으로 생산했으며, 이는 오늘날 대만 홍차의 시초로 평가된다.

이후 1944년에는 일본식 전통 목조건축 양식으로 숙소가 재건되었는데, 이는 차의 관리와 재배를 담당하는 사람들의 거처로 사

대료차문관(대만 신베이시)

용되었다. 목재 구조에 전통 흑기와를 얹은 지붕, 그리고 원형의 일본식 창문은 당시 일본 건축 양식의 전형적인 특징을 보여준다. 특히 흑기와는 일본 특유의 건축미를 강조하는 요소로, 한국이나 중국의 기와와는 구조나 색감, 곡선 처리에서 차이를 보인다.

이 건물은 2013년 대만 농림부에 의해 복원되었으며, 현재는 쇼와昭和 시대의 일본 전통 건축을 느낄 수 있는 공간으로 재탄생했다. 지금은 차문관으로 개방되어 대만 다도茶道를 체험하고, 전통차를 즐길 수 있는 문화 공간으로 활용되고 있으며, 역사와 차 문화, 전통 건축이 어우러진 복합적 장소로 많은 사람의 발길을 끌고 있다.

대료차문관은 단지 한 시대의 산업 유산일 뿐 아니라, 일본의 기와 건축이 대만에서 어떤 방식으로 남겨졌는지를 보여주는 소중한 사례다. 이곳의 흑기와는 그 독특한 조형성과 색감으로 인해, 한국과 중국의 기와 문화와는 또 다른 미감을 전달하고 있다. 전통이라는 이름 아래 지역마다 다르게 형성된 '기와지붕의 미학'이 대료차 문관에서도 깊게 드러나고 있는 것이다.

일본식 기와지붕은 한국이나 중국과는 또 다른 고유의 미감을 지니고 있다. 가장 두드러지는 특징은 검은색 계열의 유약을 바른 흑기와(黑瓦)를 사용한다는 점이다. 이 흑기와는 기능성과 더불어 강한 조형미를 자랑하는데, 깊이 있는 색감 덕분에 지붕의 윤곽이 또렷하게 드러나며, 어느 풍경 속에서도 독특한 무게감을 발산한다.

형태 면에서도 일본의 기와지붕은 전체적으로 곡선이 적고 직선적인 인상을 준다. 한국의 전통 기와지붕이 팔작지붕이나 우진각지붕처럼 곡선미를 강조했다면, 일본은 상대적으로 낮은 경사와 간결한 선으로 절제된 미학을 구현해왔다. 이는 일본 고유의 미의식인 '와비사비(佗寂)'의 검소하고 조용한 아름다움과 같은 것이다. 대료차문관의 흑기와 역시 이러한 일본 건축의 정수를 잘 보여준다. 대체로 건물의 높이는 낮지만, 깊게 뻗은 처마와 유려한 지붕 선이 건물 전체에 안정감을 부여한다. 무엇보다 기와지붕 위로 내려앉는 안개나 비, 눈은 그 자체로 정적인 풍경을 만들어낸다. 마치 자연과 조화를 이루기 위해 존재하는 건축처럼 보이기도 한다. 이러한 일본식 기와지붕의 미감은 단순한 외형적 아름다움을 넘어, 자연을 존중하고 공간의 흐름을 중시하는 일본의 전통 사상과 철학이 건축으로 구현된 형태라 할 수 있다. 그러므로 대료차문관의 지붕은 단지 식민지 시기의 유산을 넘어서, 동아시아 건축 문화의 다양성과 변화를 보여주는 사례로도 이해할 수 있다.

기와는 이렇듯 단순한 지붕재가 아니다. 문화적 맥락, 역사적 배경, 시대적 사유의 흐름이 기와 한 장 한 장에 담겨 있다는 사실을, 우리는 일본식 흑기와 지붕에서도 확인할 수 있다. 화청지華淸池의 기와지붕은 단지 '건축'이 아닌 '권력'과 '로망'을 상징한다. 중국 시안의 화청지는 단순한 온천 휴양지가 아니라, 당대唐代의 화려한 궁정 문화와 권력의 중심을 드러내는 공간이다. 특히 이곳은 당 현종과 양귀비의 사랑 이야기로 잘 알려져 있는데, 이들의 로맨스를 배경으로 한 전설과 공연이 오늘날까지 사람들의 상상력을 자극한다.

화청지의 건축은 거대한 지붕 선을 중심으로 위엄 있게 구성되어 있다. 중국식 기와지붕의 가장 큰 특징은 지붕의 층수와 색상, 처마 끝의 조형 장식에서 드러나는 구조다. 황실 건축에는 노란색 유약을 바른 황기와를 사용하는데, 이는 오직 황제만이 사용할 수 있는 색이었다. 반면 왕족이나 고위 관료는 파란색이나 녹색의 기와를 사용해야 했다. 이러한 색의 구분은 단순한 미감의 차이를 넘어서, 엄격한 신분 질서를 시각적으로 표현한 것이다.

화청지에 쓰인 기와 또한 당나라 당시 황실의 공간이었던 만큼, 화려하고 정교한 조형미가 눈에 띈다. 건축물들은 대부분 중첩된 지붕 구조를 가지고 있으며, 처마 끝은 위로 살짝 들려 있어 마치 하늘로 날아오르려는 듯한 인상을 준다. 이는 중국 전통 건축의 상

화청지 장생전(중국 시안)

장성을 대표하는 요소로, 하늘과의 연결, 권위의 상징, 그리고 예술적 미감을 동시에 담고 있다.

밤이 되면 조명이 켜진 화청지의 기와지붕은 빛을 받아 금빛으로 반짝이며, 자연의 풍경과 어우러져 마치 천상의 궁궐처럼 느껴진다. 공연이 시작되면, 그 아래에서 펼쳐지는 무용과 음악은 과거 황실 문화의 한 단면을 현재로 소환하는 듯하다.

이렇듯 중국의 기와지붕은 단순한 지붕재를 넘어, 황제의 권위와 신성성, 그리고 시대의 문화적 정체성을 드러내는 중요한 장치였다. 특히 화청지와 같은 장소에서는 기와가 가진 장식성과 위계성이 극대화되어, 하나의 상징적 장면처럼 다가온다.

결국 화청지의 기와지붕은 과거 황실의 권위와 사랑, 예술과 정치가 한데 어우러진 장소의 정체성을 말없이 보여주는 '역사적 지붕'이라고 할 수 있다.

장안長安, 다시 부르다

장안에서 사일을 머무는 동안
내 마음엔 오래전 불야성이 피었다
비단처럼 흐르던 위수의 물결 위로
버드나무 잎새가 스치고
왕유의 시가 골목마다 속삭였다
당 현종의 숨결을 머금은 그 언덕 위
양귀비의 향기는 아직도 남아
밤이 오면 은밀히 그 이름을 부른다
불빛 아래 비단옷 휘날리는 그림자
화청지의 연못 위로
그들의 사랑은 물안개처럼 피었다 사라진다
누군가는 그 사랑을 죄라 하였고
누군가는 운명이라 말했지만
나는 그저 그 밤의 달을 기억한다
눈부시게 아름다웠고
참을 수 없이 슬펐던 그 달을

기왓장 사이로 스며든 달빛처럼
문인들의 글귀는 돌담에 새겨지고
시간은 그 위를 조용히 덮었다
나는 지금도 장안에서 걸어 나오는 그들의 뒷모습을
바람 사이에서 본다
그리고 나도 모르게 다시 속삭인다
장안이여, 내 마음의 시여
다시 한번, 나를 불러다오

일본 도쿄에 자리한 센소지는 서기 628년, 스미다강에서 어부였던 형제가 우연히 관음상을 건져 올리면서 그 기원을 시작한다. 이 작고 우연한 인연은 곧 신앙의 중심이 되었고, 이후 관음상을 안치하며 센소지는 점차 도쿄의 대표적인 불교 사찰로 자리잡았다.

센소지는 2차 세계대전의 피해로 많은 부분이 소실되었으나, 1960년대에 들어 재건을 통해 다시 그 위용을 되찾았다. 이후 도쿄 시민은 물론 세계 각국의 여행자들이 모여드는 명소로 사랑받게 되었다. 사찰에는 관세음보살상과 석가모니의 사리가 봉안되어 있으며, 이 두 성물은 불심과 함께 이곳을 찾는 이들의 마음을 조용히 울린다. 또한 센소지의 바로 옆에는 센소지 창건과 관련된 세 인물을 모시는 아사쿠사 신사가 함께 자리하고 있다. 이 신사는 일본식 전통 건축의 간결하고도 섬세한 미를 담아내고 있으며, 센소지 일대를 문화와 신앙, 역사와 예술이 조화를 이루는 공간으로 만

센소지(일본 도쿄)

들어주고 있다. 센소지의 붉은 기둥과 곡선을 그린 기와지붕은 시간의 흐름을 초월한 일본 전통의 상징으로, 과거와 현재를 이어주는 도쿄의 상징이 되고 있다.

교토 오토와산 자락에 위치한 기요미즈데라는 778년에 창건되어 1000년이 넘는 세월 동안 일본 불교의 깊은 맥을 이어오고 있다. 사찰의 이름은 산 아래 솟아나는 '맑은 물〔清水〕'에서 유래했으며, 기요미즈데라는 늘 청정한 기운과 고요한 울림으로 사람들을 맞이한다. 기와는 이곳에서도 중요한 시각적·상징적 요소로 작용한다. 검은빛을 띠는 일본식 흑기와는 기요미즈데라 목조건축의 중후한 멋과 다양한 구조물과 어우러져 한층 깊이 있는 분위기를 만들어내고 있다.

기요미즈데라(일본 교토)

기요미즈데라는 종교 건축의 장소만이 아닌 일본 전통 건축의 아름다움과 장인정신이 살아 숨 쉬는 공간이기도 하다. 1000년의 시간이 흘러도 지붕 위로 스며든 시간과 계절의 멋은 사람들의 시선을 머물게 한다. 기와의 멋이 이런 것이 아닌가 생각한다.

중국 베이징 서북부 쿤밍호수를 중심으로 펼쳐진 이화원頤和園은 황실의 별궁으로 사용되었으며, 제국의 실세였던 여인의 마지막 안식처이기도 했다. 1750년, 청나라 건륭제(1736~1795)는 이곳을 '청의원淸漪園'이라 명명하고 황실의 여름 별궁으로 삼았다. 인공과 자연이 어우러진 쿤밍호의 수면 위에 정자를 세우고 언덕을 깎아 누각을 만들어서 사계절의 풍류를 담아냈다. 이화원은 단순히 황제의 피서 공간만은 아니었다. 청나라 문치의 절정이자, 제국의 위엄을

베이징 이화원

보여주는 하나의 상징이었다. 그러나 시간이 흐르면서 이 정원은 또 다른 권력자의 이름을 떠올리게 된다. 서태후(1835~1908), 그녀는 사망하기 전까지 이곳에서 정권의 안온함과 자신의 노년을 보내기도 했다. 황금빛의 기와지붕 아래는 화려한 단청으로 장식된 누각이 있다. 그 사이로 흘러가는 시간은 정적 속에 숨죽이듯 조용함이 느껴지지만, 화려한 권력의 상징이기도 했다.

1924년, 청나라의 마지막 그림자가 사라진 이 정원은 마침내 '이화원'이라는 이름으로 새로운 시대를 맞이하게 된다. 황제도 황후도 권력도 모두 사라졌다. 기와지붕과 바람과 호수 위의 건축이 과거 그 시절의 이야기를 들려주고 있다.

수상가옥은 물 위에 터를 잡은 독특한 형태의 주거지로, 중국을

중국 수상가옥

비롯해 유럽, 동남아, 미국 등지에서도 흔히 볼 수 있는 건축 방식이다. 특히 중국 쑤저우의 시탕西塘은 청나라 시기에 형성된 거리와 수로와 다리가 어우러진 경관이 지금까지 고스란히 남아 있다. 이곳은 '동양의 베네치아'라 불릴 만큼 아름다움과 정취를 간직한 대표적인 수상 도시로 많은 여행자는 이곳의 고요한 물길을 따라 옛 정취를 따라가고 있다. 이곳에도 흑색의 기와가 자리하고 있다.

중국 상하이에 위치한 예원豫園은 중국인뿐 아니라 외국 관광객이 끊이지 않는 상하이 최고의 명소다. 예원은 전통적인 중국 남방식 정원의 정수를 보여주는 공간이기도 하다. 16세기 명나라 고위 관료였던 반윤단潘允端은 부모님의 노년을 위해 양쯔강 하류에 위치한 상하이 푸시에 정원을 조성했다. 1559년에 시작된 공사는 18년

중국 상하이 예원

의 세월을 거쳐 1577년에 완성되었고, 그 규모는 개인 저택이라기엔 놀라울 만큼 방대하다. 예원은 40여 개에 달하는 정자와 연못, 누각으로 구성되어 있으며, 세밀한 조경과 장식의 아름다움으로도 널리 알려져 있다. 특히 이곳에서는 저장성 무강武康 지역에서만 산출된다는 황석黃石이 대량으로 사용되었다. 수천 톤에 달하는 황석의 운반과 배치는 단순한 정원을 넘어, 당시 권력과 부의 상징을 건축물로 형상화한 흔적이라 할 수 있다. 정원의 지붕 역시 중국 전통 기와로 장식되어 있으며, 세심하게 채색된 문양들은 예술성과 권위를 상징하고 있다.

2장

처마 밑에서 부르는 소리

1. 기와, 그 시작을 따라가다

기와는 단순한 지붕의 마감재가 아니다. 그것은 하늘과 땅, 시간과 공간을 잇는 동아시아 건축의 상징이자 문화의 조형적 언어였다. 한국의 안동 하회마을부터 중국 장안의 궁궐, 일본 센소지와 대만의 전통 찻집에 이르기까지, 기와는 각기 다른 시대와 장소에서 제각기 다른 모습을 하고 있지만, 공통적으로 인간의 삶을 보호하고 품은 고요한 지붕이 되어주었다.

　한국, 대만, 중국, 일본에서 사용된 기와는 지역과 기후, 문화적 차이에 따라 형태와 색채, 용도가 조금씩 다르다. 비록 재료나 구조의 차이는 존재하지만, '기와'라는 건축 재료를 통해 구현된 아름다움은 동아시아 건축의 공통된 정서와 미의식을 담고 있음은 분명하다. 기와는 단순한 지붕 재료를 넘어 하나의 문명적 상징으로 기능을 해왔다. 나라별로 형태나 색감, 문양은 다를 수 있으나, '흙을 구워 만든 기와'라는 본질은 여전히 같다. 그것은 단단하게 굽힌 시간이자, 손으로 빚은 문화의 결정체였다. 지금 우리가 기와지붕을 올려다보며 느끼는 감정은 단지 전통의 아름다움에 대한 감탄이 아니라, 수천 년을 이어온 건축과 사람의 이야기에 대한 경외심인지도 모른다.

지금까지 살펴본 다양한 동아시아 건축물들은 저마다 다른 방식으로 기와지붕을 해석하면서 받아들였다. 그 위에 얹힌 문자와 문양은 시대의 이상과 신념, 혹은 개인의 정서를 대변하기도 했다. 이러한 전통은 오늘날 기업의 상표, 학교의 로고 등 현대 시각 기호체계 속에도 그 잔향을 남기고 있다. 이제 우리는 기와가 처음 사용된 그 지점으로 되돌아가 본다. 문양과 문자로 새겨진 신분과 상징, 사유의 흔적들을 하나씩 풀어내 보려 한다. 기와는 건축을 덮지만, 그 안에는 사람의 마음과 시대의 정신이 담겨 있다.

2. 지붕의 마무리, 와당의 시작

우리나라는 기원전 108년 한나라 무제가 평양 일대에 사군을 설치하게 되면서 중국에서 와당이 유입되었다. 그렇다면 중국에서는 언제부터 와당을 사용했을까? 앞에서 설명한 바와 같이 기와와 와당은 사용되는 용도에 따라 그 명칭이 다르다는 것을 알 수 있다. 먼저 문헌상의 기록에 의하면 와당의 용어보다 '기와'에 대한 용어가 앞서고 있다. 하나라 시기에 기와는 이미 등장했다. 상나라와 주나라를 지나면서 기와의 사용은 이미 어느 정도 정착했는데, 암키와와 수키와는 지붕의 면을 모두 덮고 있는 형태였으며, 여기서 사용된 기와 면에는 아무런 문양이 없었다. 문양이 없다 하여 무문無文 기와라고 부르기도 한다. 문양이 없는 기와가 처음 등장했다는 것은 이후 문양이 있는 기와가 등장하는 과정에서 중요한 의미를 가진다는 점을 생각해볼 수 있다. 기와 문양의 유무에 따라 당 시대의 문화와 세계관을 이해하는 데 있어 중요한 역할을 하고 있다. 여기서 말하는 기와는 수키와와 암키와로 지붕의 면을 덮었던 것을 말하며, 처마 아래로 내려오는 원형의 와당과는 다르다. 수키와와 암키와는 대부분 문양이 없거나 사선의 빗살문 정도다. 그러나 처마 아래 드리워지는 원형의 와당에는 다양한 문양이 등장하고 있어 시기별로 다르게 등장하는 문양을 확인하고 살피는 과정도 매우 흥미롭다.

　와당 면에는 문양과 문자가 다양하게 배치되어 있어 예술성 외에도 내용에서 전해지는 함축된 의미를 찾을 수도 있다. 그 때문에 나라별로 문화상품으로 만드는 작업에서 와당 문양은 자주 사용되는 소재이기도 하며, 와당 속에 등장하는 문양이 전통 문양이라는 고정관념이 만들어지기도 했다. 상업적 용도의 로고를 만드는 데에서도 와당 문양을 모티브하여 디자인했던 사례를 흔히 볼 수 있다.

동아시아에서 처음 와당을 사용한 시기는 약 3000여 년 전, 서주 시기로 당시 기와를 처음 만들어 사용한 곳은 궁궐 건축이었다. 궁궐에서만 제한적으로 사용했는데, 이 시기에 사용된 기와는 별다른 문양 없이 직사각의 형태로 만들어 지붕에 올렸다. 그러나 시간이 지나면서 암키와와 수키와 외에 원형의 와당을 제작하게 되는데, 이때부터는 본격적으로 와당 면에 문양과 문자를 배치하게 된다. 와당은 우리말로는 막새라고 칭한다. 와당에 대한 한자어 설명, 와당 문자에 등장하는 '와당瓦當'의 해석 등을 고려하여 우리말 막새를 모두 와당으로 통일하여 칭하기로 한다.

와당은 암키와와 수키와처럼 사용된 장소가 모두 궁궐 건축에 제한을 두었다. 처음 와당이 등장한 이후 한 왕조가 유지되는 동안은 그러했다. 궁궐 건축에만 제한을 두었다는 것은 꽤 권위적이었다는 점을 알 수 있으며, 와당 면에 등장하는 문양과 문자 또한 궁궐에 어울리는 형식이 등장했다는 것도 짐작할 수 있다. 더 나아가 당대의 철학과 세계관 등이 고스란히 담겨 있어 와당은 당시의 왕실 문화를 보여주는 좋은 자료기도 하다.

서주 시기에 이미 사용된 와당은 와당 면에 시문된 문양들이 비교적 일률적이었으며 단조로웠다. 그러나 춘추전국 시기를 지나면서는 각 제후국의 상황에 맞게 와당의 문양은 제후국의 지역적·문화적 특징을 반영하면서 등장한다. 서주 시기 이후 제후국을 지나면서 또 진한秦漢 시기를 지나면서 와당 문양이 다양하게 등장하는 것은 어쩌면 처음부터 의도한 것은 아닐 것이다. 왜냐하면 이 시기에 등장하는 청동기 문양(도철문)만 봐도 알 수 있다. 예를 들어, 도철문을 보면 특정 기물이나 특정 시기에만 고집하며 등장하지 않는다. 의도적으로 특정한 기물에만 사용하기로 한 것도 아니다. 그러나 와당 문양은 다르다. 시기별로 서로 다른 문양이 등장하는데, 그 출발점이 제후국 와당에서 시작했다.

전국 시기 와당 문양은 제후국의 지역적 차이를 발생시켰고, 이 과정에서 자연스러운 각 나라의 문화 현상을 보여주고 있다. 특히 북쪽에 자리하고 있는 연나라, 서쪽에 위치한 진나라, 동쪽의 제나라 와당은 모두 지역적 특색이 아주 강해 한 번만 보면 금방 기억할 수 있다. 왜 이렇게 제후국의 와당 문양이 다르게 나타나는 것일까. 그것은 제후국의 문화적 해석이 다르고 중시되던 사유 세계에 대한 염원이 달랐기 때문으로 해석할 수 있다.

기원전 221년 진시황이 중국을 통일한 이후 와당 문양은 또 다시 달라진다. 전국 시기 진나라의 와당 문양이 유목민의 특성을 고려한 동물 괴수 문양이라면 통일 이후 진 왕조의 와당 문양은 더 이상 유목민의 흔적이 보이지 않는 정착 문화에서 등장한 문양으로 바뀌게 된다. 이렇듯 와당 문양은 당시 그들이 어떠한 문양을 취했는지에 따라 서로 다른 문화 현상을 읽을 수 있는데, 당시 무엇을 중시했는지를 알 수 있어 문양을 통해 역사, 문화를 이해하는 직접적인 자료가 된다고 할 수 있다. 이와 마찬가지로 한 왕조가 등장하던 기원전 206년 이후에는 와당 면에 또 다른 변화가 찾아오는

데 처음으로 글자가 등장한다. 현대 사회에서도 문양과 문자가 주는 인식은 다소 차이가 있다. 문양이 다양한 해석 등이 가능하다면, 활자를 사용하는 문자는 그 의미만을 정확하게 전달하려고 하며 또 그렇게 인식하고 있다. 다시 말해 문양 와당은 상상을 더하여 해석되어야 하는 간접적 표현 방식이라면, 문자 와당은 하고자 하는 말을 직접적으로 적어내고 있어, 문양이 주는 의미와는 다르다.

문양이든 문자든 중요한 것은 당시 와당 면을 통해 무엇인가 의미하는 바를 전하고자 했던 점은 같았다는 것이다. 특히 문자가 시문된 와당은 하나의 글자만이 아니라 다양한 글자체도 등장한다. 학문적 조예가 깊어야만 와당을 제작할 수 있었다는 것도 쉽게 설득이 되는 부분이다. 문자 와당은 문양 와당과는 달리 다양한 글자체가 등장하며, 당시의 문화와 세계관을 그대로 묘사하고 있어 중국 고대 와당사에 있어 최고의 정점을 찍은 전성기를 맞이하게 된다. 한 왕조 400년 동안 문자 와당의 전성기였지만, 유독 전한 시기에 정점을 찍다가 위진남북조에 이르러서 문자 와당은 급속하게 사라지게 된다.

와당의 출발은 건축의 내구성을 위해 사용되었지만, 당대의 문화를 가늠하게 하는 흔적들이 들어 있다. 그러므로 와당에는 동아시아 건축의 이분법적 사고와 미를 찾아볼 수 있다. 한대 시기에는 많은 양의 문자 와당이 등장하는데 여기에는 그들이 생각하고 추구하고자 하는 의식과 사상을 그대로 표현하고 있다. 궁궐 건축에서만 제한적으로 사용되었던 와당은 실용적 목적을 뛰어넘어 소유와 권위를 나타내고 있다. 동시에 그들이 이루지 못하는 혹은 이루고 싶은 그 무엇인가를 와당에 써내려 가면서 갈망했던 내용들이 묘사되어 있다.

우리나라 와당 문화는 중국에서 전해졌지만, 기와에 관한 명칭은 중국에서 사용하는 것과 다르다. '기와지붕'을 구성하는 핵심은 기본 기와(수키와와 암키와)와 막새인데, 우리나라의 경우 이 둘을 나누어 칭하고, 중국의 경우는 '와당'이라는 포괄적인 명칭만 사용한다. 좀더 자세히 말하자면 '와瓦'는 기와를 말하고, '당當'은 막새를 의미한다. 그래서인지 와당 연구에 있어 중국의 경우는 와(기와)에 대한 연구는 거의 하지 않는다. 와(기와)는 고고 발굴조사에서 시대 편년에 참고 자료로만 활용되고 있으며, 집중적으로 수키와와 암키와에 대한 연구는 거의 하지 않는다. 대신 와당 연구에 집중하고 있다. 아무래도 문양과 글자가 와당에 등장하기 때문일 것이다. 중국에서 와당을 조사하다 보면 박물관과 발굴 현장에서 무더기로 발굴되는 와당을 볼 수 있는데, 기본 기와의 경우는 유물의 중요도 측면에서 막새에 비해 그다지 중시하지 않는다는 알 수 있다.

동아시아에서 와당이 정확히 어느 시기에 등장하게 되었는지 그 연대에 대해서는 이견이 조금씩 나뉘고 있지만, 오늘날 전통 건축에서 반드시 등장하는 중요한 재료이므로 그 출현 시기에 대해서도 이해할 필요가 있다. 와당은 우리나라의 경우만 보아도 적어도 2000여 년 이상의 역사를 지닌 전통 건축 재료 중 하나다. 그 시작이 언제부터였는지, 어떤 장소였는지 또 누구에 의하여 어떻게 사

신석기 유적(중국 시안 반포박물관)

나무를 이용하여 골격을 만든 후 띠를 얹은 형태(중국 시안 반포박물관)

가옥 내부 구조

용이 되었는지는 정확하지 않지만 적어도 중국 산시성 일대의 관중부풍關中扶風 기산岐山 일대의 서주 시기 주원周原 유적 건축군에서 가장 먼저 사용되었다. 최근에는 사용 시기를 좀더 앞당겨야 한다는 주장이 나오고 있는데, 2009년 산시성 보계寶鷄시 교진橋鎭 유적에서 용산문화 시기의 수키와와 암키와가 발견됨에 따라 중국 고대 와당의 출현은 적어도 1000년은 더 앞당겨야 한다는 주장도 나오고 있다.[1]

결과적으로 이러한 내용을 통해 알 수 있는 것은, 와당은 서주 시기에는 이미 등장했고, 적어도 3500여 년 전부터 와당을 사용했다는 것은 분명하다는 것이다.

기와가 등장하기 이전의 건축은 어떠했을까? 중국 산시성에 자리한 시안 반포박물관에서 제공하는 신석기 유적의 가옥을 살펴보면 통나무를 이용하여 골격을 만든 후, 알로에 줄기나 뿌리를 말려 진흙과 함께 반죽한 것을 수차례 치대어 만들었다는 것을 알 수 있다. 이와 같은 형식은 고대 중국뿐 아니라 대부분의 신석기 목조건축의 외벽을 만드는 과정 또한 비슷했다.

나무나 풀 그리고 진흙으로 만들어진 가옥은 어떠한 장점이 있었을까? 집을 짓고 살았다는 것은 이미 자연으로부터 자신의 몸을 보호할 수 있다는 것으로, 인류가 만들어낸 많은 문명 가운데 건축의 등장은 매우 획기적인 사건이었다. 대부분 선사시대에는 이와 같은 형태로 집을 짓고 살았으니, 이 시기 건축의 가장 큰 특징은 이엉(볏짚, 띠풀 등의 재료)이지만, 기와도 듬성듬성 사용된 것이 확인

되었던 '모자토계茅茨土階(짚으로 지붕을 이고 흙으로 층계를 만든 집)' 단계가 기본적인 형식이었다.[2]

3. 와당에 깃든 이분법적 미

이엉으로 만든 집은 지금도 흔히 볼 수 있는 초가지붕과 유사한데, 지붕의 표면이 매끄럽고 속이 비어 있어 무게가 가볍다는 점과 보온의 효과가 높다는 장점이 있다. 그러나 이러한 지붕의 형태는 내구성이 약하므로 지붕의 재료를 자주 바꾸어 주어야 하는 단점이 있다. 결과적으로 오랜 시간이 흐르면서 생활의 불편함이 가옥을 변화시키게 된다. 건축의 내구성을 유지할 수 있는 방법을 찾아낸 것이 흙을 구워 기와로 제작하는 것이었다.

현대 사회에서도 도시, 농촌 할 것 없이 전통가옥을 만들거나 고풍스러움을 강조할 때 어김없이 기와지붕이 등장한다. 일본은 대부분의 많은 상점에서 기와를 장식하여 사용하는 것을 흔히 볼 수 있는데, 전통적인 모습이 엿보이는 부분이다.

지붕에 기왓장을 덮기 전에 이엉과 진흙을 기본 골격으로 만든 뒤 기와를 얹게 된다. 기와 사이사이에 흙을 채워주면서 기와를 배치하는데, 건축의 크기에 따라 다르지만, 기와가 올라가면 그 무게는 상당하다. 처음에는 암키와와 수키와만 사용했지만, 적설과 비로 인해 처마 밑으로 물이 스며들게 되자 건축의 견고함과 내구성

서주 시기 암키와(초기 형태의 기와)(중국 시안 진전한와박물관 소장)

암키와와 수키와를 배치한 전시 모형(중국 시안 진전한와박물관 소장)

경기도 용문사 기와

일본 상점에서 흔히 볼 수 있는 기와 장식

일본 걸침기와(에도박물관 전시물)

2장. 처마 밑에서 부르는 소리   81

을 유지하는 데 한계가 있었다. 수키와와 암키와 사이에 하나의 마감재를 다시 덧대어 적설과 비로 인해 물이 처마 안으로 스며들지 않게 하는 물 받침이 필요했던 것이다. 이것이 바로 '막는다'라는 의미를 가진 '당當'이라고 했던 와당이었다. 여기 와瓦는 '흙을 이용하여 구워서 만든 것'을 의미하며, 당當은 '막다'라는 의미로 '흙으로 만든 기물을 막다'라는 '와당'이 탄생한 것이다.

와당은 기와의 앞부분인 머리 부분에 해당되어 '와당瓦擋' 혹은 '와두瓦頭'라고도 불린다. 이것은 암키와와 수키와의 끝부분에 물이 흘러내림을 방지하도록 마무리 역할을 한다. 와당은 원형과 반원형의 두 종류가 있는데, 처음에는 반와당이 등장했고, 원와당은 이후에 만들어진다. 건축의 부재로 사용되었던 와당은 실용성이 강조되면서 발명되어 사용되었지만, 다양한 방법으로 와당 면에 문자나 문양을 넣게 되면서 그 의미는 실용성 외에도 당대 문화에 대한 함축적 의미를 담고 있다. 와당을 사용한 사람들은 제작 당시 분명 무엇인가 특별한 의미를 더하여 주문했을 것이다.

와당 면에 문양과 글자를 장식하게 되면서 전해지는 메시지는 대부분이 그들의 삶과 연관성이 있었는데, 지금도 건강에 대한 희망이 강한 것처럼 당시 와당 면에 등장한 내용들 또한 건강과 장수 그리고 권력에 대한 욕망이 가장 많이 등장하고 있었다. 하나의 기물에 이토록 다양한 메시지를 수백 년 동안 그려 넣은 것은 와당이 유일하며, 그렇기에 와당은 인문학적 세계관을 엿볼 수 있는 큰 매력을 가지고 있다.

평양 상오리에서 출토된 고구려 연화문 와당(도쿄국립박물관 소장)

 와당은 원형 형태의 건축 마감재로 그 의미는 '기와를 막다'라는 뜻을 가지고 있다. '와瓦' 또는 '와당瓦當'에 관한 문헌 기록을 살펴보면, '와瓦'에 관한 용어를 정확히 기록한 시기는 한대에 이르러서다. 한자의 뜻을 설명해놓은 최초의 한자 사전《설문해자說文解字》에는 '와瓦'의 의미를 '당當'과는 서로 다르게 설명하면서 그 용도는 건축 재료임을 설명하고 있다. 일반적으로 '와瓦'라 하면 '통와筒瓦'를 의미하는데《설문해자》에 의하면 동洞은 통通이라고도 하며 소䇶는 바닥이 없는 걸 뜻한다.³ 그 형태가 동그란 원형의 형태로 밑바닥이 뚫어진 것으로 속이 비어 있는 것을 의미한다.
 《설문·와부說文·瓦部》에 '와瓦'에 대한 정의를 살펴보면, 도기를 불로 구워낸 상태를 의미한다고 한다.⁴ 이와 관련하여 청나라 시기 단

2장. 처마 밑에서 부르는 소리 83

옥재段玉裁는 "무릇 토기土器란 불로 굽지 않은 상태를 모두 '배坯'라 하며, 이미 불로 구어진 상태를 '와瓦'라 한다"라고 설명하고 있다. 흙을 불에 구워낸 것을 '와瓦'라고 했던 것이다. 즉 진흙을 불에 구워낸 것, 이것이 바로 '기와[瓦]였던 것이다.

전국 시대 법가 한비자韓非子도 바닥이 없는데 물을 담을 수 있을까 하는 의미로 '당當'을 언급하고 있다.[5] 신선방약神仙方藥과 불로장생에 대해 저술한 동진東晉 시기의 갈홍(283~343)은 그의 저서《포박자抱朴子》에서 밑바닥이 없는 옥그릇이란 말을 언급하면서 '당當' 자를 제시하고 있다.[6] 또《한서漢書》를 저술한 반고班固는 서도부西都賦에서 처마 끝을 장식한다는 내용을 언급하기도 했다.[7] 당當에 대한 의미를 담고 있는 춘추전국 시기와 한대 시기의 문헌을 보면 모두 '원형의 바닥' 혹은 '막다'의 의미로 그 내용을 설명하고 있다.

문헌 자료를 통해 살펴본 결과 '당當'의 의미는 처마 밑에 원형으로 된 부분을 말했던 것이다. 청나라 시기 정돈程敦은 '당當'이란 기물의 아랫부분을 의미한다고도 했다. 또 필원畢沅의《진한와당도秦漢瓦當圖》에도 '당當'이라는 것은 벽당壁當으로 와당의 형태가 마치 옥벽玉璧과 같기 때문이라 설명하고 있다. 진명달陳明達은 '당當' 자의 원래의 의미는 '막다' 혹은 '가로막다'라는 뜻이라고 설명하고 있다.[8]

'당當' 자는 지금까지 전해지는 문헌에 의하면 여러 가지 의미를 찾아볼 수 있는데, '당當'이란 그릇이나 술잔 등 밑바닥을 의미하는 것으로 '막다' 혹은 '막히다'의 의미인 것은 분명하다. 반고의 설명에 의하면 한대에는 이미 '당當'을 처마 밑에 장식했던 것으로 당시

'안락측당(安樂厠當)'

'청의와당(青衣瓦當)'(《秦漢》補遺 93)

'도사공와(都司空瓦)'

'와(瓦)', '당(當)', '와당(瓦當)'이라고 시문된 한대 문자 와당(중국 시안 진전한와박물관 소장)

에는 매우 보편적으로 사용되고 있었다는 점을 알 수 있다. 이 부분이 한대 와당이 유행한 것에 대한 출토 유물과 문헌이 일치하는 부분이기도 하다.

결론적으로 당當이란, 토목건축의 지붕 위에 기와를 덮은 후 흘러내리는 기와 아랫부분을 막아서 마무리했던 것이다. 와당의 위

중국 화산 취운궁(翠雲宮)의 수면문 와당

치는 암키와와 수키와 사이의 가장 앞부분으로 그 용도는 처마의 앞쪽에서 흐르는 빗물을 막아주는 기능을 했다. 그러므로 와당의 명칭은 그 기능과 위치에서 비롯되었던 것임을 알 수 있다.

'와瓦' 혹은 '당當'과 당의 위치와 기능을 알게 해주는 용어가 한대 와당 문자에 등장하는데, '와瓦'와 '당當'을 각각 분리하여 기록했다. 문헌 자료를 통해 '와'와 '당'의 사용이 구분되었다는 것을 알 수 있지만, 한대 문자 와당에서는 '와'와 '당'의 사용을 엄격하게 구분하지 않고 '흙을 불에 구운 기와' 또는 '막다'라는 의미의 한자로 자유롭게 사용했다.

화산華山은 중국 문화가 탄생한 곳이며, 화산을 가보지 않고서는 중국 문화를 논하지 말라는 말도 있다. 또 중국인들에게는 평생 한번은 꼭 가보고 싶어하는 명산이기도 하다. 중국 화산에 기와 조사를 간 적이 있었다. 비가 온 뒤라서 그런지 화산 비취궁 기와가 빗물에 젖은 모습은 또 다른 느낌을 주었다. 기와지붕에는 세월의 흔적이 묻어나기도 한다. 손이 닿지 않는 높은 곳에 위치하니 자연스레 이끼와 잡초가 무성하게 자라기도 한다.

우리나라에서도 기와지붕은 이미 오래전부터 사용되었다. 가장 먼저 찾아볼 수 있는 것은 고구려 시기로, 이 시기의 와당은 집안 지역에서 출토된 태왕릉과 천추총 그리고 장군총 것으로 427년 평양 천도 이후에 사용된 와당과 다른 양상을 보여주고 있다. 불교가 전래된 4세기 후반에는 본격적으로 와당에 연꽃 문양이 시문되어 등장한다. 특히 이 시기의 문양은 한대 시기 와당과 비교해보면 유

고구려 연화문 와당(유금와당박물관 소장)   고구려 인동문 와당(유금와당박물관 소장)

사한 점이 많이 발견된다. 그러나 고구려의 독자적인 와당도 많이 발견되고 있다. 특히 평양으로 도읍을 옮긴 427년경에는 와당 면에 여러 문양이 등장한다. 고구려는 신라와 백제보다 먼저 와당을 제작했으며, 와당 문양과 문자가 배치되면서 고구려의 독자성을 엿볼 수 있다. 집안 지역에서 출토된 와당은 일반적으로 흑회색을 띠고 있으나, 평양 천도 이후에는 특이하게도 붉은색을 띠는 와당이 많이 있다. 와당은 점토를 원료로 성형한 뒤 가마에서 소성하는 과정에서 발색이 결정된다. 특히, 소성시 산소가 충분히 공급되면 점토 속에 포함된 철분 성분이 산화되어 산화철 형태로 변하는데, 이때 붉은색이 나타나게 된다. 이러한 발색은 단순히 재료적·물리적

백제 연화문 와당(국립중앙박물관 소장)

현상에 그치지 않고, 미학적으로 중요한 의미를 지닌다. 붉은색은 태양, 불, 생명력을 상징하는데, 고구려 와당의 붉은 기운은 어쩌면 왕권과 제(祭)의 공간의 상징성을 시각적으로 강화했던 것 같다.

백제 와당은 중국 남조로부터 영향을 받아 독자적인 면모를 보여주면서 발달하게 된다. 특히 웅진 시기(475~538)에는 남조 양나라의 영향을 받기 시작한다. 538년 사비로 도읍을 옮기면서는 도성의 관아와 사찰을 조성하는 데 있어 독자성이 엿보이는 기술로 제작하게 된다. 와당의 도색은 엷은 회색이 주로 나타나고 있으며 고구려의 와당과 비교해볼 때 연꽃의 꽃잎이 크고 볼륨의 돌출 정도가 비교적 낮으며, 연꽃의 선이 부드러운 소박한 미를 가지고 있다.

신라 연화문 와당(유금와
당박물관 소장)

　신라 와당은 삼국 가운데 가장 늦게 등장한다. 그러나 삼국을 통일한 이후에 와당에 대한 유행이 본격적으로 시작되면서는 통일신라 와당의 기틀을 만들어주는 대들보적인 역할을 하게 된다. 궁궐과 사찰에 사용된 와당은 528년 불교가 공인되면서부터다. 553년 진흥왕 때 황룡사가 건조되는 6세기 중반부터 본격적인 와당의 유행이 시작된다. 신라의 와당은 백제와 고구려의 영향을 받았으나 독자적으로 발전했다. 연꽃잎과 주연부 사이에 홈이 파여 있는 특징도 보인다. 두 개의 꽃잎이 결합한 복판의 연화문 와당이 등장하는데, 삼국 시기 말기부터 통일신라 초기까지 유행했다.

　통일신라 와당은 신라시대 와당 제작의 전통을 이어받아 제작하

고려 봉황문 와당(양주시립회암사지박물관 소장)   봉정사의 귀목문 와당

기 시작했다. 7세기 후반부터는 와당 형식과 문양에 많은 변화가 나타나는데, 삼국을 통일한 신라는 당초 문양을 대칭으로 사용하면서 와당 면에 시문을 하게 된다. 통일신라 시기는 보상화문을 비롯하여 초화문, 봉황, 기린, 가릉빈가, 사자 등 상서로운 동물이 등장하면서 와당 문양도 다채롭고 화려해지기 시작한다. 고대국가에서 와당을 제작하는 일은 국가의 조영 사업 중 하나로 매우 중요한 분야였다. 그렇기에 와당 면에 무엇을 시문하는가는 매우 신중한 사항이었으니, 지배층의 원하는 내용을 담아내는 문양 또는 글자로 조성될 수밖에 없었다.

고려 시기 와당은 투박하며 크기도 다소 커지게 된다. 기와 표면

조선 희(喜) 자문 와당(창덕궁)

조선 봉황 문양(창덕궁)

조선 구름 문양 와당(창덕궁)

조선 수(壽) 자문 와당

에 유약을 바르는 청자기와도 제작된다.《선화봉사고려도경宣和奉使高麗圖經》의 고려 초기 주거환경을 보더라도 부유한 집은 기와를 사용했으나 한두 집에 불과했다고 한다. 이 시기에도 기와의 사용은 보편적이지 않았으나, 돈이 있으면 사용할 수 있었다는 것은 와당이 꽤 대중적이었다는 의미다. 이 시기 와당 문양의 가장 큰 특징으로 원형의 돌출된 자방(와당의 중앙부)을 강조한 형식이 등장한다. 문양으로는 사람, 물고기, 꽃잎, 나뭇잎, 범자문, 귀목문 등이 다양하게 나타나고 있다. 특히 이 가운데 원형의 커다란 귀목문 와당은 자방을 확대하여 만든 문양 형식으로 중국에서는 전혀 나타나지 않고 있어 고려 와당의 독자성을 말해주는 문양이 되고 있다.

조선시대 와당은 건축 부재의 실용성을 위해 원형에서 타원으로 등장한다. 궁궐 건축은 물론 관아, 산성, 향교, 사원 등 와당은 흔하게 사용된다. 문양이 지니는 상징성을 염두하고 만들었다기보다는 와당이 지니는 실용적 목적에 초점을 두어 사용한 시기라고 할 수 있다. 그래서 지붕에 올리는 와당의 배치가 원래는 직각이었지만, 빗물 등 처마 안으로 스며들지 못하도록 둔각으로 만들어 사용한다.

사찰 건축에 사용한 와당에는 당시 기와를 시주했다는 조와시주造瓦施主의 글자가 적힌 내용의 기와도 눈에 띈다. 수壽와 복福, 용龍, 봉황鳳凰 등 길상적 내용을 담고 있는 문양도 등장한다. 경복궁과 창덕궁의 와당 문양은 대부분 봉황문과 수壽 자문 와당이 주로 등장하고 있다.

와당은 기와지붕을 마감하는 마감재로 중국 서주 시기에 시작되어 기원전 108년 평양 일대로 전래되면서 삼국과 고려, 조선을 지나면서 우리나라에서도 중요한 건축의 재료 가운데 하나로 사용되었다.

와당 면에 시문된 문양은 지금도 전통 문양이라는 분야에서 흔히 등장하는 문양이다. 와당 면에 시문된 구름, 봉황, 연꽃, 수壽, 복福 자문은 우리나라 한복이나 전통 자수에도 흔히 등장한다. 그뿐만 아니라 이 문양을 응용하여 제작된 문화상품의 도안에도 흔히 등장하는데, 원형이라는 공간 안에 구획으로 나누어 문양 또는 글자를 시문한 형식은 와당 형식에서 비롯되었던 것이다.

3장

토목공사의 시작

1. 주거지의 탄생

인류가 집을 짓고 정착해서 살아가기 시작한 것은 날씨와 먹을 것을 따라 이동하던 생활을 지나 농경사회로 접어든 신석기부터라는 것이 일반적인 견해다. 만약 인류가 여전히 먹을 것을 찾아 계절마다 이동하는 생활을 지속해왔다면, 아마도 오늘날 우리가 살고 있는 가옥은 등장하지 않았을 것이다. 집을 짓고 공간을 설계하는 일은 인류 문명이 만들어낸 가장 위대한 성과물 가운데 하나다.

인류의 집짓기는 움집에서부터 시작된다. 보통 이 시기를 기원전 1만 년에서 기원전 8000년 사이로 보고 있다. 이 시기 사람들은 사냥과 채집에 의존하는 삶을 살았지만, 무엇보다도 농경이 도입되면서 더 이상의 이동은 필요 없어졌다. 물론 완전히 정착만 하던 시기는 아니었다. 사냥감이나 열매 등 먹거리가 더 이상 구해지지 않으면 언제든지 다른 곳으로 옮겨가곤 했다. 그럼에도 이전보다는 한 곳에 머무는 시간이 점차 길어졌고, 자연재해나 맹수로부터 자신을 보호하기 위한 피난처를 짓는 방법이 필요하게 된 것이다.

고대에서 집의 개념은 짐승의 습격이나 자연재해로부터 몸을 피하기 위한 피난처였다. 이 시기의 주거지는 대부분 주변에서 쉽게 구할 수 있는 나뭇가지나 마른 풀 등을 모아서 지었다. 당시에는 지면에서 보통 1미터 정도 땅을 파서 거주 공간을 만들었으며, 이러한 형태의 주거를 '수혈식竪穴式'이라 하는데, 수직으로 땅을 파고 원형 또는 방형으로 공간을 확보하는 방식이었다. 내부 공간의 지름은 4~6미터 정도로, 한 가족이 거주하기에는 비교적 작은 규모였다. 실내에는 중앙에 화덕을 설치하고, 그 주변에는 음식을 저장하기 위해 웅덩이를 만들어 놓았다. 지상에는 나뭇가지와 풀로 간단한 지붕을 얹고, 바닥을 따라 서까래 역할을 하는 재목을 경사지게 세운 후 고정하여 고깔 모양의 구조를[1] 완성했는데, 이러한 형태는 오늘날 텐트와 유사하다고 보면 된다.

우리나라의 경우 서울 암사동 유적에서 이러한 움집의 모습을 확인할 수 있다. 특히 신석기 후기에 접어들면서 농경이 본격화되자 더 이상 사냥과 채집을 위해 끊임없이 이동할 필요가 없어졌고, 이에 따라 집짓기 방식에도 변화가 나타나기 시작했다.

일반적으로 전통 건축의 구조 방식은 가구식架構式 구조와 벽체식벽체식(壁體式) 구조로 나눈다. 이러한 방식은 현대 건축에서도 여전히 사용되는 구조 형식인데, 가구식 구조는 목조 기둥과 보를 중심으로 뼈대를 세운 뒤 그 위에 지붕과 벽체를 얹는 방식으로, 목조건축의 핵심이라 할 수 있다. 반면, 벽 자체가 하중을 지탱하도록 설계되는 벽체식 구조는 움집의 경우처럼 토벽을 목재 틀 사이에 채워 넣어 공간을 구성하는 형태다. 이 두 가지 구조 방식은 수천 년의 역사를 지니고 있다. 지금도 시골에서는 황토와 마른풀을 섞어 흙벽을 쌓아 만든 전통 흙집 구조를 볼 수 있는데, 이 방법은 보온 효과가 뛰어나고 내구성도 우수한 건축 방식이다. 다만 지붕의 형태에 따라 구조물의 견고함에는 차이가 생긴다. 특히 토벽을 중심으로 한 벽체식 구조에 비해, 목조 뼈대를 주축으로 하는 가구식 구조는 높이에는 제한이 따른다. 2층 이상을 올릴 경우, 1층에서 하중을 견디는 데 한계가 있어 구조적 무리가 발생할 수밖에 없는 것이다.

오랜 세월 동안 인류의 지혜가 축적되면서, 규격화된 나무를 재단하여 공간의 필요에 따라 기둥을 세우는 방식이 발전했다. 흙과 풀을 섞어 벽을 만들고, 이를 반복해 바르고 말리는 과정을 통해 보온성과 내구성을 지닌 집을 지을 수 있게 되었다. 고대국가에서 집짓기의 주요 재료는 흙과 나무였다. 흙과 나무만 있다면 어떤 건축도 손쉽게 지을 수 있었던 것이다.

흙(土)과 나무(木)를 이용해 만든 건축을 '토목(土木)건축'이라 한다. 여기에서 집짓기의 소재인 '토목'과 집 짓는 작업을 뜻하는 '공사(짓다)'가 결합되어 '집 짓는 공사'를 '토목공사(土木工事)'라 부르게 된 것

경주 옥산서원 ⓒ 국가유산청

낙안향교 ⓒ 한국학중앙연구원 유남해

이다. 오늘날 우리가 사용하는 '토목공사'라는 용어와 대학교에서 학과 명칭 가운데 '토목공학과'라는 학과가 있는데, 흙과 나무로 집을 짓던 고대국가의 건축법에서 비롯된 명칭이다. 지금의 '토목공사'는 시멘트, 철근 등 현대적인 자재를 사용하지만, 그 출발점은 흙과 나무를 이용한 고대의 건축 기술에서 비롯된 것이다.

전통적인 토목건축이 점차 발달하면서 지붕 구조에도 많은 변화가 일어났다. 비와 눈으로부터 지붕을 보호하고, 가옥의 견고함과 수명을 연장하는 데 중요한 역할을 한 것이 바로 '기와'의 등장이다. 앞서 살펴본 바와 같이 기와는 흙을 이용해 만들어지며, 지붕의 크기에 따라 사용되는 기와의 수와 무게도 상당했다.

기와의 등장은 기존의 가구식 목조건축에서 하중을 견디기에는 구조적 한계를 드러내게 했다. 목조건축의 하중은 크게 '장기하중'과 '단기하중'으로 나뉘는데, 장기하중은 구조물 자체의 무게와 상시 가해지는 하중을 의미하고, 단기하중은 짧은 시간 동안 작용하는 하중으로 주로 강풍, 적설, 지진 등에 의해 발생한다. 특히 기와를 얹은 지붕에서는 겨울철 많은 눈이 쌓이는 하중을 견디는 것이 무엇보다 중요하다. 다설 지역에서는 눈이 짧은 시간에 많이 내리고 다시 녹는 상황이 반복될 수 있어, 이러한 단기하중에 대한 구조적 대비가 필수적이었다. 기와의 발명과 사용은 바로 이러한 단기하중을 고려한 지붕 구조의 발전과도 밀접한 관련이 있었던 것이다.[2]

결국 기와의 발명은 목조건축의 구조적 발달을 이끄는 중요한 전환점이 되었다. 기와와 흙으로 이루어진 지붕의 무게를 지탱하기 위해 보와 대들보의 역할이 더욱 중요해졌으며, 이를 안정적으로 받쳐 줄 수 있는 기초공사의 견고함 또한 필수적인 요소로 인식되었다. 이로 인해 전통 건축의 설계와 시공 방식에도 큰 변화가 일어나게 된다.

고대 건축의 초기 단계에서는 기둥과 대들보 등 주요 구조재로 밤나무가 주로 사용되었다. 이는 당시 나무를 베는 도구가 충분히 발달하지 않았던 상황에서, 간석기 돌도끼로 밤나무를 베는 것이 비교적 수월했기 때문이다.[3] 이처럼 자연에서 쉽게 구할 수 있는 재료를 이용해 집의 구조를 만들고자 했던 노력은 고대 건축사의 전환기에 교량적 역할을 하며, 이후 점차 복합적인 건축 기술로 발전해가는 기반이 되었음은 분명하다.

2. 중국의 전통 건축

중국은 광대한 영토를 차지하고 있어 지역별 기후 차이가 매우 크다. 남쪽에서 북쪽으로 이동할수록 열대, 아열대, 온대 등 다양한 기후대가 나타나며, 특히 남부 지역은 비와 태풍이 잦아 다른 지역보다 피해가 심각한 경우가 많다. 반면 북방 지역의 겨울과 봄은 서북풍의 영향으로 비교적 건조하다. 이러한 지리적 자연환경은 고대 중국인들이 지형과 기후에 적합한 재료와 건축 양식을 다양하게 발전시키는 배경이 되었다.

황하 중류 지역은 비옥한 황토층 덕분에 토양이 부드러워 간단한

지면에서 떨어진 집 구조 형태로, 지면으로부터 1층, 2층, 3층의 단계에서 완성된 것을 알 수 있다(중국 시안 반포박물관).

농기구만으로도 농사를 지을 수 있었다. 이로 인해 고대 인류는 이곳에 터를 잡고 오랜 기간 정착 문화를 형성할 수 있었다. 북방 지역에서는 혹독한 추위를 견디기 위해 남향으로 집을 배치하여 겨울철 햇볕이 실내로 잘 들어오도록 설계했다. 이에 따라 온돌, 두꺼운 외벽, 그리고 견고한 지붕을 갖춘 추위 대비형 건축 양식이 발달했다. 이처럼 중국은 아시아 동남부에 위치한 넓은 영토와 다양한 지형 덕분에 고대부터 여러 지역별 특성을 반영한 다양한 건축 양식이 발달할 수 있었다.

황하 유역에서 집단을 이루어 살던 씨족들은 황토층을 이용하여 벽체가 있는 토굴 위에 잡초를 넣어 갠 진흙과 목구조를 결합한 혈거穴居를 건조한 후, 점차 지면 위에 집을 짓기 시작했다. 상나라 후기에는 왕이 머무는 가옥의 높이가 상대적으로 높아졌으며, 서주 시기에는 지면보다 훨씬 높게 궁궐을 건축했다. 이러한 형식은 중국뿐만 아니라 우리나라 고대 건축 구조에서도 흔히 나타나는 특징 중

3장. 토목공사의 시작 101

반혈식 주거(중국 시안 반포박물관)

고상식 가옥에서의 주거

하나다. '고대기高臺基(높이 쌓아 올린 기단)'라는 명칭은 고대국가에서 궁궐 건축 시 일정 높이의 기단을 쌓아 그 위에 기초공사를 시작하는 건축 양식을 뜻한다. 높은 기단 위에 집을 세워 아래를 내려다보는 구조는 백성을 다스리는 왕의 권위와 위엄을 상징하는 의미도 강하게 담고 있다.

우리나라 경복궁이나 민속촌에서 볼 수 있듯, 궁궐뿐 아니라 사대부 가옥 역시 본체가 지면에서 일정 높이에 자리잡고 있다. 이렇게 간단한 목조 구조는 상나라와 주나라 시기를 거치며 지속적으로 발전해왔다.

중국을 여행하다 보면 다양한 건축 양식을 접할 수 있다. 고대 중국은 5000년 이상 여러 민족이 차례로 정권을 장악하며 각각 독특한 왕조 국가를 형성해왔다. 이로 인해 건축물의 내외부 구조에는 서로 다른 생활 방식과 문화적 습관이 반영되어 있다. 건축물은 단순히 몸을 피하는 안식처로서의 역할을 넘어, 자연으로부터 자신을 보호하기 위한 방법을 터득하고 발전시킨 결과라 보는 것이 더 적절하다. 자연환경의 영향을 받아 건축 구조가 변화해왔으며, 암키와, 수키와, 그리고 막새 같은 기와 재료를 활용하여 건축물을 보호하려는 노력은 건축에 대한 깊은 애정과 풍부한 경험에서 비롯된 성과였다.

고대 사회에서 '가옥'이 세워지는 과정과 그 의의에 대해 살펴보면, 집의 의미는 기본적으로 더위와 추위를 피하고, 짐승의 습격으로부터 몸을 보호하기 위한 용도로, 필요에 따라 주변 환경에 적합한 재료를 활용하여 가옥을 지어 사용했다. 지리적·환경적 조건에 따라 고대 사회의 가옥 형태는 지역마다 차이를 보인다. 그러나 일반적으로 선사시대에는 반혈식 주거 형태가 가장 흔하게 나타났을 것으로 보인다. 반혈식半穴式 주거란 땅을 일정 깊이로 판 후 그 위에 벽체를 지상으로 올라오게 만들고 지붕을 얹는 방식으로, 지열을 이용해 추위를 막을 수 있고 짐승의 침입을 막을 수 있는 목적으로 만들어졌다.

또한 습도가 높은 지역이나 섬나라에서는 습기를 피하고 환기를 용이하게 하기 위해, 지면보다 높게 짓는 고상식高床式 가옥의 형태가 사용되었다. 이처럼 고대의 가옥은 단순히 거주의 기능을 넘어, 자연환경에 적응하고 생존을 위한 지혜가 담긴 구조물이었다.

고상식 가옥은 주로 중국 남방지역에서 사용되었으며, 오늘날에도 그 지역을 여행하다 보면 이러한 가옥 형태를 쉽게 찾아볼 수 있다. 이 지역은 기후가 온난하고 습기가 많은 환경적 특징을 지니고 있어, 지면에서 높이 올려 지은 주거 형태가 발달했다.

지면보다 높이 올린 고상식 가옥은 곤충이나 야생 동물의 침입을 막고, 습기를 막아 비교적 쾌적함을 느낄 수 있다. 일반적으로 상층에는 사람이 거주하고, 하층은 가축을 기르는 축사로 사용하는 경우가 많았다. 이러한 구조는 자연환경에 적응하며 생활의 편의를 도모하려는 고대인의 지혜가 담긴 주거 형태라 할 수 있다.

이와 같은 가옥을 중국에서는 '간란幹欄'이라 한다. 중국 소수민족인 장족壯族의 언어로, '간幹'은 '위쪽' 또는 '높다'라는 의미며, '란欄'은 '가옥'을 의미한다. 즉 '위쪽에 세운 가옥'이라는 의미다. 이러한 간란식 가옥은 주로 중국 남방의 온난다습한 지역에서 습기를 피하고, 야생 동물의 침입을 막기 위해 지면에서 높게 지은 주거 형태로 활용되었다.[4]

간란으로 이루어진 가옥은 고대에만 사용된 것이 아니다. 오늘날에도 일부 중국 소수민족들의 전통가옥과 일반 주택에서 이러한 형태의 집을 찾아볼 수 있다. 간란의 가장 큰 특징은 지면에서 일정한 높이로 올려 지어진 구조에 있다. 따라서 이러한 구조를 갖춘 가옥을 간란식 구조로 보아도 무방할 것이다. 또한 남태평양의 일부 국가들에서도 이와 유사한 형태의 가옥을 지어 사용한 사례를 찾아볼 수 있다. 이들 지역에서는 주로 고온다습한 기후의 영향으로 생활공간을 지면보다 높게 설계하여 습기와 해충으로부터 보호하고, 습한 것을 막고 쾌적함을 위해 만든 경우다. 이처럼 간란식 구조는 특정 시기나 지역에 국한되지 않고, 기후와 환경적 조건에 따라 자연스럽게 형성된 인류의 생활 지혜라 할 수 있다.

중국 고대 건축은 건축에 사용된 색채 역시 중요한 의미를 지닌다. 목재를 주요 재료로 사용하는 중국 건축의 특성상 목재를 보호하기 위해 유칠油漆이 사용되었으며, 가옥의 상징적인 채색 문화로 발전하는 계기가 되었다. 이러한 점은 중국 건축 특유의 풍부한 색채미와 건축미의 조화를 이루게 한 원천이 되었다.

특히 가옥의 경우 채광이 매우 중요한 요소인데, 햇빛이 드는 부분에는 빛의 따뜻함을 강조하기 위해 주홍색을 사용하기도 했다. 반면, 지붕의 아랫부분이나 음지인 공간에는 남녹색과 같은 차가

인천 차이나타운 중화회관의 과거 ⓒ 촬영자 정연학

중화회관의 현재 ⓒ 촬영자 정연학

운 색조를 사용하여 공간의 온도감과 분위기를 시각적으로 대비시킨 경우도 있었다. 이와 같은 색채의 조화와 배치 원리는 중국 고대 건축의 미학적 특징이자, 공간의 용도와 분위기를 시각적으로 구분하는 중요한 요소로 작용했다. 이처럼 따뜻한 곳과 서늘한 곳의 색채 대비는 건축의 기능성과 심미성을 동시에 고려한 색채 배치 방식이다. 주홍색의 창 부분과 남녹색 처마 부분에는 때로는 금색 테두리를 둘러 장식적 효과를 더하기도 했으며, 간혹 작은 점무늬를 더해 건축의 장식미를 강조하기도 했다. 물론 이러한 채색을 입히는 데에는 지리적 특수성 또한 고려되었다. 예를 들어, 중국 북방지역은 기후 특성상 추운 계절이 길고 햇빛이 부족한 환경이므로, 건축물에 따뜻함과 밝고 경쾌한 분위기를 더하기 위해 밝고 화려한 색채와 장식을 적극적으로 활용했다. 대표적인 예로 자금성이나 이화원의 외형에서도 이러한 특징을 확인할 수 있다.

이와 매우 유사한 건축 양식을 우리나라 인천 차이나타운에서도 찾아볼 수 있다. 차이나타운은 약 100여 년의 전통을 가진 화교 마을로, 그곳에는 자금성이나 이화원과 같은 붉은색 외벽과 화려한 지붕 장식으로 꾸며진 '중화회관'이라는 건축물이 있다. 초기 중화회관의 모습은 황금색 기와를 사용하지 않았다. 그 이유는 황금색 기와와 붉은색 채색은 궁궐과 같은 황제의 공간에서만 사용할 수 있는 색채 규범 때문이었다. 그러나 이후 한중수교를 기념하여 중화회관을 재정비할 때, 중국에서 직접 기와를 가져와 보수했으며, 그 과정에서 황제의 궁궐에서 사용하던 황금색 와당과 붉은

대만 중정기념당

색 채색으로 장식하여 오늘날의 모습이 완성되었다.

현재는 색채 사용에 대한 규제가 사라지면서, 대만의 중정기념당中正紀念堂이나 공자묘와 같은 다양한 건축물에서도 붉은색과 황금색을 흔히 볼 수 있게 되었다. 이는 전통적으로 궁궐의 상징이었던 색채가 점차 일반 문화 공간으로 확장되어간 사례라 할 수 있다.

중국 남방의 건축은 북방과 비교하여 볼 때 지붕의 형태가 매우 독특하다. 건축의 외벽도 일반적으로 단조롭게 구성되어 있다. 주로 백색을 사용했으며 청흑색의 기와로 지붕을 마무리했다. 대들보는 갈색과 먹색, 흑녹색을 주로 사용하고 있다.

중국 강남 원림의 분장대와

특히 '분장대와紛墻黛瓦'는 백색의 벽과 청흑색 기와를 일컫는 표현으로, 중국 건축의 대표적인 색채 특징 중 하나다. 특히 강남江南 지역에서 자주 볼 수 있는 전통적인 건축 색채 양식이다. 이 지역의 민가에서는 청색 전돌과 백색 벽, 그리고 청흑색 또는 흑색 기와를 사용하여, 소박하면서도 질박한 미감을 표현했다. 이러한 색채 구성은 화려한 색채와 장식을 선호하던 북방 건축과는 뚜렷한 대조를 이룬다. 예를 들면, 명나라 시기에 조성된 것으로 알려진 강남의 사대명원四大名園 중 하나인 쑤저우蘇州 졸정원拙政園은 백색 회벽과 청흑색 기와로 이루어졌으며, 채색이 화려하지는 않지만 색에서 느껴지는 조용함과 담백함의 정적인 분위기를 중시한 전통 강남 건축을 대표하고 있다. 항저우杭州 서호西湖 주변의 고택도 대부분 백색 회벽과 청흑색 기와로 지어진 건축물로 강남의 온화하고 부드러운 미적 감각이 보이는 풍경을 만들어주고 있다. 채색을 다양하게 사용했기보다 자연 재료의 색감을 살린 담백한 건축미가 있는 것이 특징이다. 이처럼 '분장대와'는 강남 지역의 기후와 지리 그리고 자연과 조화를 이루려는 전통적인 미의식이 반영된 건축 양식이다.

건축물에서 채색의 사용은 지역과 계절에 따라 다르게 적용되었을 뿐만 아니라, 고대국가에서는 신분에 따라 가옥의 색채를 구별하여 사용하는 엄격한 규범이 존재했다. 이러한 규범에 따른 관행은 《논어》에서 '산절조열山節藻梲'이라는 표현으로 언급하고 있었으며, 《예기禮記》의 〈춘추곡양전주春秋穀梁傳注〉에서도 찾아볼 수 있다. 기둥의 채색은 신분의 상징으로서 구분되었는데, 천자天子는 붉은색을 사용하는데 붉은색은 권위와 왕권을 상징하며 신성함과 존엄함을 나타내고, 제후諸侯는 흰색을 사용하는데 청렴과 순수함을 의미하며 천자보다는 낮지만 여전히 높은 지위를 의미하고, 대부大夫는 푸른색을 사용하는데 푸른색은 안정과 신뢰를 상징하며 중간 계층 관리나 귀족층에 해당하고, 선비는 황색을 사용하는데 겸손과 지혜를 나타내면서 지식인을 의미한다.[5] 이렇게 색채를 구분하는 것은 건축뿐 아니라 의복, 장신구 등 다양한 요소에도 적용되어 당시 사회 질서와 신분 체계를 확연하게 드러내는 기능을 했다. 결과적으로 색채 구분은 단순한 장식 이상의 의미를 지니며, 권위와 신분, 사회적 질서를 시각적으로 표현하는 중요한 수단이었다.

건축에 색을 입히는 작업도 춘추 시기부터 등장하기 시작한다. 궁궐 건축의 경우 춘추전국 시기에는 강렬함의 원색을 사용했고, 남북조 시기와 수당 시기에는 궁궐과 사원 건축은 대부분 백색의 벽과 홍색의 기둥, 지붕에는 회색기와(灰瓦)와 흑기와(黑瓦) 그리고 일부 유리기와를 사용하기도 했다.[6]

한대와 진대를 지나면서 가옥과 도시 건축의 변화가 본격적으로 시작되었다. 특히 한대 시기에는 건축과 도시계획에서 큰 발전이 있었다. 한대의 수도 장안은 오늘날의 산시성 시안시 위수 남쪽 하안(河岸)에 위치하고 있으며, 지형적으로는 남쪽이 높고 북쪽이 낮은 형태를 띠고 있다. 진 왕조 별장이었던 흥락궁(興樂宮) 터에는 장락궁(長樂宮)이 건축되었고, 미앙궁(未央宮)과 북궁(北宮)도 함께 지어졌다. 이 궁전들이 완성된 후에 성벽이 축조되었으며, 미앙궁은 성의 서남쪽, 장락궁은 동남쪽에 자리했다. 성벽은 황토를 사용해 길이 약 22킬로미터의 둘레를 이루었고, 성벽의 각 면에는 세 개의 문이 설치되었으며, 각 문의 문동(門洞)은 3개씩 배치되었다. 문동 하나의 너비는 약 8미터로, 동시에 마차 네 대가 통과할 수 있을 정도였다.[7]

한무제 시기에는 성 내부에 계궁(桂宮)과 명광궁(明光宮)이 세워졌으며, 성벽 서남쪽 교외에는 건장궁과 상림원이 조성되었다. 당시 장안성 내에는 9개의 부(府), 3개의 묘(廟), 9개의 시(市)가 있었고, 160여 개의 여리(마을의 문(閭))가 미앙궁과 장락궁 사이에 분포해 있었다. 또한 성 남부 지역에서는 19개의 규모가 큰 예제 건축 유적지가 발굴되었다.[8] 현재까지 한대 시기에 사용된 와당들은 대부분 이 장안성 일대에서 집중적으로 출토되어, 당시 건축의 중요한 단서를 제공하고 있다.

중국 고대 전통 건축을 문화적으로 해석해보면, 크게 관官 문화, 사士 문화, 속俗 문화로 구분할 수 있다. 이 가운데 관 문화는 왕실과 궁궐에 집중된 정치적 성격이 강한 문화로, 건축물 곳곳에서 뛰어난 심미적 감각과 예술적 정취를 확인할 수 있다. 관 문화의 핵심은 권력과 정치의 상징성이며, 이를 반영하여 궁궐과 관련된 공간은 엄격한 예법에 따라 대칭적으로 배치되고 체계적으로 구획된다. 예를 들어, 궁궐 건축에서 '오문삼조五門三朝'와 '좌조우사左祖右社'라는 개념은 대표적인 예법이다. '오문삼조'란 궁궐 문이 반드시 다섯 개 있어야 하며, 남쪽에서 북쪽으로 차례로 배치되어야 한다는 원칙을 뜻한다. 이는 궁궐의 위엄과 예법을 지키기 위한 것으로, 현재의 자금성에도 대청문大淸門, 천안문天安門, 단문端門, 오문午門, 태화문太和門 등 5개의 문이 이 원칙대로 배치되어 있다. '좌조우사'는 궁궐의 좌측은 종묘로, 즉 태묘(나라를 세우는 신위)가 있어야 하며, 우측은 사직社稷이 있어야 하는데, 사직 곧 곡식신과 토지신을 모시는 공간이 위치해야 한다는 것이다. 이는 유교적 전통과 농업사회 구조가 궁궐 설계에 깊게 반영된 결과로, 왕실 권위와 국가 질서를 상징한다.

이와 같은 엄격하고 복잡한 예법에 따른 설계는 중국뿐만 아니라 우리나라 전통 궁궐 건축에서도 동일하게 나타난다. 또한 궁궐의 규모를 통해 사용된 기와의 수량을 추정할 수 있다는 점도 주목할 만하다. 이는 단순한 건축 재료의 수를 넘어서, 당시 국가의 권력과 자원의 규모를 보여주는 지표가 되기 때문이다.

고대 중국에서 신분과 사회 계급에 따라 예법(禮制)에 따른 건축 양식이 엄격히 구분되었다. 특히 궁궐, 왕실 정원, 왕실의 사당 등은 관식(官式) 건축에 해당하며, 이들 건축물은 대체로 붉은색 담장과 황색 기와를 사용하여 권위와 위엄을 상징했다. 건축물의 세부 양식도 신분과 지위에 따라 구별되었는데, 팔작지붕(山頂)을 사용할지, 맞배지붕(懸山頂)을 사용할지, 방의 개수나 배치는 어떻게 처리할지, 채색의 종류 등 엄격히 구분되었다. 이처럼 건축물은 단순한 거주 공간을 넘어서 사회적 계급과 권력을 시각적으로 나타내는 중요한 수단이었다.

사 문화 건축은 문인 계층을 중심으로 형성된 문화로, 질박하고 토속적인 특성이 두드러진다. 사 문화 건축은 권위적이거나 화려하지 않고, 오히려 청렴함과 고결함, 소박함을 강조하는 점에서 차별화된다. 이는 문학에서 산수시를 읊거나, 산수화를 통해 표현되는 자연과 조화를 이루는 고결한 정신세계와도 맞닿아 있다. 문학과 회화에서 문인들은 매화, 난초, 국화, 대나무 등 사군자(四君子)를 통해 자신의 청렴하고 절개 있는 인품을 상징하듯, 사 문화 건축 역시 개인 정원, 문인의 일반 가옥, 서원(書院) 등에서 이러한 정신성을 공간에 담아냈다. 따라서 사 문화 건축은 관 문화의 권위와 위엄이 강조된 궁궐 건축과는 뚜렷이 구분되며, 자연미와 인간 내면의 청정함을 표방하는 문화적 표현이라 할 수 있다.

3. 영원히 머물고 싶은 꿈과 이상의 공간

고대국가가 봉건사회에 접어들면서, 국가 차원의 정책적 계획 아래 세워진 가옥들은 선사시대 일반 가옥과는 확연히 구별되는 특징을 지니게 되었다. 특히 지배층의 주거 공간은 도성을 중심으로 궁궐, 성벽, 다리, 무기고, 저장고 등과 함께 조성되었기 때문에, 국가의 직접적인 개입과 관리가 필수적이었다. 이러한 건축물들은 단순한 거주 목적을 넘어 다양한 형태와 구조로 건설되었으며, 건축물 자체에 사회적·정치적 상징과 함축적 의미를 담아내는 경우가 많았다. 즉 고대국가의 건축은 권력과 질서를 표현하는 동시에, 국가 통치의 이념과 문화를 구현하는 중요한 수단이었다.

가옥과 건축의 발달은 단순한 주거 공간의 확보를 넘어, 인류의 사유 세계가 좀더 진보적이고 의식적으로 발전한 결과라 할 수 있다. 고대에 사용된 건축의 부재部材들은 당대 장인들이 만들 수 있는 최고의 기술과 미의식을 담아낸 작품이었으며, 그것 자체가 권력과 부의 상징, 그리고 당대 최고의 컬렉션이었다.

인류는 집을 짓고 특정한 건축물을 세우기로 결심한 순간부터, 계절과 자연환경, 날짐승과 해충으로부터 자신을 보호하는 방법을 끊임없이 고민해왔다. 그러한 실용적 고민 속에서 시간이 흐르며, 사람들은 자신이 거주하는 공간에 또 다른 장식과 의미를 부여하고자 했다. 그것은 단지 살아가는 공간이 아닌, 영원히 머물고 싶은 장소, 부와 권력을 대대로 이어가고 싶은 꿈과 이상의 공간이었다.

그 이상의 세계에 대한 소망을 가장 잘 담아낼 수 있는 공간이 바로 지붕의 끝자락이었으며, 그곳에 새겨진 것이 와당이었다. 와당은 단순한 지붕 장식이 아니라, 하늘과 맞닿는 건축의 경계에 소원을 담은 부적과 같은 존재였다. 동시에 지배층만이 사용할 수 있다는 위계적 상징성을 지니며, 궁궐과 같은 권위적 건축물에만 사용하려는 의도 또한 숨어 있었던 것으로 보인다.

오늘날 고층 아파트가 즐비한 도시에서는 단독 주택의 모습을 찾아보기 어렵다. 그러나 과거 우리가 살았던 단독 주택에는 '문패'라는 것이 있어 그 집에 누가 거주하는지 알 수 있었다. 같은 맥락에서 생각해보면, 고대국가에서 사용된 와당 역시 어쩌면 일종의 문패 역할을 했을지도 모른다. 특히 지배층만 사용할 수 있도록 허락된 와당은 그 공간이 특권층의 거주지임을 표시하는 상징적 기능을 가졌기 때문이다.

와당의 출발은 자신의 공간을 구분하고 표시하려는 아주 단순한 욕구에서 비롯되었을지도 모른다. 그러나 시간이 지나면서 그 지붕 끝자락에 단순한 영역 표시를 넘어, 부귀영화와 장수를 기원하는 소원과 희망까지 함께 새겨 넣게 되었고, 그것이 때로는 과도하게 과시적이고 상징적인 의미를 띠게 되었다.

공간에 대한 소유와 표시, 그 공간을 통해 소망과 이상을 표현하려는 욕망은 시대를 막론하고 인류가 공유해 온 문화적 본능이었다고 할 수 있다. 단독 주택의 대문에는 주인의 이름이나 성씨를 적은 문패가 걸려 있었다. 문패에 적힌 이름을 통해 누구의 집인지 혹은 어느 가문인지 쉽게 알 수 있다. 이는 인류가 거주 공간을 마련하고 살아가기 시작하면서부터 자신이 머무는 장소에 어떤 표식을 남기는 전통과 이어져 있다. 결국 문패는 단순한 표식이자, 외부인을 위한 '알림'의 수단인 셈이다.

　이와 같은 기능은 고대 건축의 와당에서도 확인할 수 있다. 지붕의 끝자락에 장식된 와당에는 그 집에 사는 사람의 성씨를 적지는 않았지만, 그 공간에 머무는 사람들이 기원하는 소망과 염원을 글자와 그림으로 담아내었다. 다시 말해, 오늘날의 문패나 광고판이 '누구'의 공간인지, 무엇을 알리려는지 알려주는 것과 마찬가지로, 와당 역시 '나는 이런 것을 꿈꾼다', '이곳의 주인은 이런 바람을 가지고 있다'라는 사실을 외부에 알리는 역할을 했던 것이다.

　와당에 새겨진 문양과 문자는 단순히 건축 자재의 실용적 기능만이 아니라, 당대 사람들이 지닌 사유와 세계관, 가치관을 반영하고 있다. 따라서 와당은 그 자체로 동아시아 고대인의 정신문화와 이상세계, 그리고 공간에 대한 사유 세계가 농축된 것이다.

　인류는 고대부터 자연으로부터 많은 혜택을 받아왔지만, 동시에 자연의 위협으로부터 결코 자유롭지 못했다. 오랜 세월 동안 인류는 자연을 대립하거나 거스르려 하기보다는, 자연을 숭배하고 조화롭게 공존하려는 태도를 유지해왔다. 그러면서도 자신을 보호하고, 험난한 자연환경 속에서 버틸 수 있는 가옥과 공간을 만들기 위한 노력을 지속해왔다.

　시간이 흐를수록 사람들은 자연환경 속에서 발생하는 문제점을 해결하고 극복하기 위한 건축적 지혜와 기술을 발전시켰다. 그중에서도 지붕의 보호적 역할은 가장 핵심적인 요소였다. 비가 오거나 눈이 쌓이고, 거센 바람이 몰아칠 때, 가옥이 쉽게 훼손되고 붕괴되는 일은 흔했다. 특히 목재 지붕의 경우, 수명이 길어야 20~30년에 불과했고, 습기와 빗물에 의해 손상되기 쉬웠기 때문에 이를 보완할 방안을 찾는 것이 절실했다. 비와 눈, 바람으로부터 가옥을 지키기 위한 지붕의 방어적 기능은 고대 건축에서 필수적인 조건이었으며, 이러한 실용적 필요가 결국 지붕 재료와 형식, 장식 요소의 발전으로 이어졌다.

그 대표적인 사례가 바로 와당으로, 비가 지붕을 타고 흘러내릴 때 목재의 부식을 막고 지붕 끝단을 보호하는 기능과 더불어, 장식과 상징적 의미까지 더하게 된 것이다. 고대국가에서는 왕이 거주하는 궁궐의 경우, 특히 해충과 자연재해를 방지하는 기능이 중요했는데 왕이 중심이 되는 사회에서 왕의 거처를 보호하는 것은 곧 국가의 안녕과 권위 유지와 직결되었기에 이를 위한 건축적 장치가 필요했던 것이다. 와당은 지붕의 가장 아랫부분에 설치된 둥근 형태의 장식 겸 실용 부재로, 지붕 위로 떨어지는 비와 눈이 지붕 꼭대기에서 아래로 흘러내릴 때, 지붕 끝단과 처마 안쪽으로 스며드는 것을 방지하는 역할을 했다. 만일 비나 눈이 지붕 끝부분에 고이거나 흘러내릴 경우, 지붕의 목재가 부식되고 습기가 차면서 해충이 서식하기 쉬운 환경이 조성되기 마련이다. 이를 막아 지붕의 수명을 연장하고 건축물 전체를 보호하기 위해 고안된 것이 와당이다. 이렇듯 원형의 와당은 단순한 장식을 넘어, 기와에서 타고 내려온 물을 효과적으로 배수하고 건물의 내구성을 지키기 위한 인류의 실용적 발명품이었다. 동시에, 이후에는 문양과 문자를 새겨 넣어 권위와 신앙, 소망을 표현하는 상징적 장치로도 발전해 나갔다.

기와는 왕을 중심으로 한 지배계층의 건축물에서만 사용되었으며, 이들은 궁궐과 사찰, 권력의 상징 공간을 지으면서 온갖 치장과 사치를 아끼지 않았다. 특히 자신들의 부와 권력이 자손 대대로 이어지길 바라는 염원은 고대 건축물의 장식과 상징물에 고스란히 녹아 있다. 궁궐의 주인인 왕은 하늘이 내린 존재라 여겨졌으나, 그 역시 자연의 순환과 하늘의 뜻을 거스를 수 없는 인간의 운명을 받아들여야 했다. 그러면서도 '장수'라는 개념을 탄생시켜 부귀영화와 건강한 삶을 기원하는 이상세계를 꿈꿔왔다. 장수와 부귀의 염원이 투영된 대표적인 건축 부재가 바로 와당이었던 것이다.

기와 건축은 처음에는 궁궐 건축으로만 제한되었고, 이 공간에 사용된 와당은 단순한 장식이 아니라 권력과 기원을 시각화한 상징물이었다. 우리는 이 지점에서 궁궐 건축의 핵심 요소로 와당을 주목할 수 있다. 와당의 등장은 그 의미가 명확하다. 당대의 건축사, 축조법, 공간구조, 건축물의 기능을 종합적으로 보여주는 물리적 기록이자, 사용자의 신분과 사회적 위계를 가시적으로 표현하는 '외형적 물질 개념'이다.

하지만 동시에, 와당은 문양과 문자 속에 당시 사람들의 사유와 세계관을 담아낸 '내형적 물질 개념'으로도 정의할 수 있다. 즉 외

초가지붕과 기와지붕의 경사도 ⓒ 촬영자 정연학

형적으로는 건축물 보호와 위계 표시의 실용적 기능을 지니면서, 내면적으로는 장수·부귀·국가의 평안 등 정신적 가치와 기원을 투영한 인문학적 산물인 것이다.

이처럼 와당의 발명과 사용은 단순한 기능적 결과물이 아닌, 명확한 이유와 형식을 가진 관습적 물질로 규명할 수 있다. 특히 기와 지붕이라는 건축학적 용도를 넘어 인문학적·문화사적 개념으로 접근할 때 비로소 '와당 문화'를 올바르게 이해하고, 더 나아가 동아시아 건축미의 진정한 정수를 읽어낼 수 있게 된다.

중국 대륙에서 수천 년간 서로 다른 민족이 지리적·자연적 조건 속에서 다양한 건축 양식을 만들어냈음에도, 한 가지 공통점은 바로 '기와를 사용한 건축 문화의 등장'이었다. 이것은 동아시아 건축사에 있어 획기적인 기술적 발명이자, 당대 문화를 고스란히 반영하는 역사적 산물이라 할 수 있다.

다만 이 과정에서 우리나라에서는 '기와 건축'이라는 표현을 사용하지만, 중국에서는 '와당 건축'이라는 용어를 사용한다. 따라서 앞으로 '기와'와 '와당'의 개념과 용례를 정확히 구분하여 정리하는 일 역시 중요하다 할 수 있을 것이다. 이는 고대 동아시아 건축 문화를 비교하고 해석하는 데 있어 반드시 선행되어야 할 학문적 작업이라 할 수 있겠다.

4장

문양을 그리다

1. 사랑이 담긴 연꽃을 그리다: 연화문

경상북도 안동시에 자리한 봉정사에는 연꽃 문양을 비롯하여 귀목 鬼目 문양, 옴(梵字) 자문, 별자형 문양, 소나무 문양, 봉황 문양, 새 문양 등 다양한 문양의 와당이 지붕 위에 올려져 있다. 원래 이 문양들은 고대 문양사에서 특별한 상징적 의미를 지녔지만, 오늘날에는 사찰이나 전통 건축 등 전반적으로 폭넓게 사용되면서, 그 문양이 지닌 본래의 의미를 찾아보기는 어렵다. 특히 귀목 문양은 와당의 당심(중앙부)을 중심으로 1개 이상의 띠를 두르는 특징을 가지고 있는데, 이러한 문양은 중국 고대 와당 문양에는 등장하지 않는다. 고려시대의 대표적인 와당 문양이라 할 수 있다.

경상북도 안동 봉정사 귀목 문양

봉정사 옴 자문과 별 문양

봉정사 연화 문양

봉정사 연화 문양

봉정사 연화 문양

봉정사 연화 문양

경상북도 창녕 관룡사 옴 자문

경기도 용문사 옴 자문

경상남도 용문사 옴 자문

황룡사 연화 문양 와당(경주 성보박물관 소장)

    이러한 자료를 통해 알 수 있는 것은 사찰에서 사용되는 와당 문양 대부분이 연화 문양과 옴 자문이라는 것이다. 이 문양들은 불교의 종교적 개념이 깊게 스며들어 있어 불교 건축물에서 자주 등장한다. 특히 불교 건축에서 가장 대표적인 와당 문양은 불교의 상징이라 할 수 있는 연화 문양과 옴 자문일 것이다. 옴 자문은 육자대명진언인 '옴 마니 반메 훔(ॐ मणिपद्मे हूं)'에서 비롯된 것으로, 관세

음보살의 자비를 기원하는 주문으로 '옴(ॐ)' 자는 산스크리트어로, 불교가 공인된 후에 사찰 건축에서 가장 많이 사용되었다.

일반적으로 연화 문양은 불교와 관련이 깊은 문양으로 인식되어 왔다. 특히 우리나라의 경우 불교 전래와 함께 연화 문양이 등장한 것으로 보면서, 불교와 연꽃이 서로 연관성이 짙다고 인식되어왔다. 연화 문양이 불교와 연관성이 있는 것은 사실이다. 그러나 연화 문양은 불교 전래 이전에도 이미 고대 문양에서 흔히 사용되었던 문양 중 하나였다. 연화 문양을 이해하기 위해서는 불교 공인 이후와 그 이전의 상황을 살펴볼 필요가 있다.

우리나라에서 연화 문양은 가장 먼저 고구려 와당에 등장한다. 고구려 시기에 등장한 연화 문양은 백제와 신라를 비롯하여 고대 중국 와당과 고대 일본 와당의 문양에도 자주 등장한다. 대부분의 학자들은 중국 고대 문양에 등장한 꽃을 '연꽃'이라고 설명하고 있다. 연꽃은 궁궐과 사찰에서도 자주 등장한다. 청결과 순결의 의미로 해석하고 있고, 중국 자금성 궁궐의 문에도 연꽃과 용 문양이 함께 등장한다.[1]

궁궐 문에 연꽃이 등장하는 이유가 불교와 연관성이 있는 것인가? 그렇지 않다. 그렇다면 이런 경우는 어떻게 설명해야 하는 것일까. 문양의 출발점에 대하여 그 상징성을 생각해야 할 것이다. 우리나라의 경우 불교가 전래되면서 연화문이 함께 등장했지만, 그 이전에 사용된 연꽃을 모티브로 했던 연화문은 문양이 지닌 상징성을 반영한 결과였다. 연꽃은 강한 생명력과 함께 번영의 의미를 강하게 내포하고 있다. 생명과 창조와 번영을 의미하는 연꽃은 강한 생명력을 나타낸다. 따라서 연화 문양을 불교와 연관 지어 생각할 때 불교가 전래되었던 시점과 그 시대를 생각해볼 필요가 있다. 연꽃은 생명 창조와 번영과 연관성이 짙은 문양으로 인식해야 할 것이다.

앞서 제시한 바와 같이, 처음 연꽃의 등장은 불교와 직접적인 연관성이 없었다. 연꽃은 식물의 한 종류로, 그 형태가 등장하던 시기에도 불교적 종교 색채와는 무관하게 사용되었다. 이를 뒷받침할 수 있는 근거는 여러 방면에서 확인할 수 있다. 우선 고대 건축의 부재료로 활용된 와당의 문양에서도 그 흔적을 찾을 수 있다. 연화 문양은 이미 고대 와당 문양이 발전·변화되는 과정에서 등장하고 있었으며, 초기 와당 문양은 구름 문양과 식물의 꽃잎 문양에서 시작하여 이후 연꽃 문양으로까지 확장되었다. 후한 이후 불교가 전래되면서 연꽃 문양이 적극적으로 사용되었으나, 고대 기물에 표현된 문양의 변천 과정을 통해 문양의 흐름을 살펴보면, 이미 불교 수용 이전부터 식물의 꽃잎을 형상화한 문양이 존재했음을 알 수 있다. 특히 서주 시기 후반에 이르러 식물 문양의 꽃잎 형상이 처음 등장하며, 진대와 한대를 거치면서 점차 오늘날 연화 문양의 형태로 정착하게 된다. 이때 등장하는 꽃잎 문양이 바로 후대에 연꽃 문양으로 인식되었던 것이다.

연꽃이 지니는 상징적 의미를 살펴보자. 연화 문양은 이미 오래 전부터 불교적 색채가 짙다고 인식한 것은 사실이다. 그러나 문양의 기원을 거슬러 가보면 꽤 오랜 역사를 가지고 있다. 고대 이집트의 경우 연화와 태양을 연관시켜 생명력을 강조하면서 숭배하기도 했다. 인도에서도 불교가 성립되기 이전부터 연꽃을 우주 만물 창조의 상징으로 비유하여 광명의 꽃, 생명의 꽃이라고 신성시하기도 했다. 모두 불교 발생 이전의 상황들이다. 이집트의 경우 연꽃은 태양을 상징하는 의미로 인식하면서, 다양한 고미술품에도 표현되고 있다. 연꽃이 서역을 통해 전래되었다는 기록도 있으나, 그 이전에 이미 고대 중국에서 연꽃이 등장했는데, 신석기 벽화의 연꽃, 청동기 기물의 문양, 전국 시기 와당에도 연꽃 문양이 등장하고 있다. 동아시아에서 연꽃이 불교와 연관성이 있던 시기는 후한 시기로, 인도에서 불교가 전래되고 통치자가 불교의 교리를 받아들이면서 시작된다. 연화 문양의 다양한 형식들은 불교의 교리에 맞게 불교의 상징성으로 여러 건축과 기물에 등장한다. 세분화된 문양으로 등장할 경우 단순히 단잎의 연꽃(단판연화문)만이 아닌 쌍잎의 연꽃(복판연화문)도 등장하게 된다. 그뿐만 아니라 염주알 같이 작은 동그란 형태의 원형도 등장하는데, 연화 문양 주변에 돌려지게 되면서 '연주문連珠文'이라는 용어도 만들어 사용하게 된다. 구슬처럼 연결되어 있다고 하여 '연주聯珠'라는 한자를 사용하기도 한다.

　연화 문양의 등장은 문양의 화려함과 왕권의 상징인 부귀와 위엄을 나타내는 역할도 했는데, 결과적으로 불교 이전의 연화 문양은 불교와는 전혀 관련이 없었던 것이며, 고구려 시기의 연화문은 불교수용으로 사용된 문양으로 보아야 할 것이다. 결과적으로 연화 문양의 시작은 불교와는 연관성이 없었던 것이다.

중국 서주 시기에는 태양 숭배 사상에서 비롯된 중환문重環文과 운문雲文이 널리 사용되었다. 후한 시기에 불교가 전래되면서, 이러한 문양들은 통치자의 사상을 반영하는 상징적 의미로 자리잡게 된다. 불교의 대표적 상징인 연꽃과 통치자의 정치적 권위는 항상 하나로 결속되기를 지향했으며, 문양을 통해 이러한 개념을 시각적으로 표현하고자 했다. 주나라 시기부터 한대를 거쳐 불교가 극성하던 당나라에 이르기까지, 원시종교에서 외래종교에 이르기까지 다양한 종교적 색채가 짙게 나타나는 의례와 의식 속에서 문양은 매우 자연스러운 변화와 흡수 과정을 반복하게 된 것이다. 이러한 점에서 볼 때, 연꽃은 분명 불교와 깊은 연관성을 지닌 문양이라 할 수 있다. 적어도 후한 시기 이후에는 연화 문양이 불교적 상징으로 인식되며 사찰 건축과 불교 미술 전반에 널리 사용되었다. 그러나 그 이전 시기에 등장하는 연꽃 문양은 불교적 의미와는 다른 맥락에서 해석되어야 한다.

문헌의 기록을 보면 불교가 전래되기 이전에 이미 연꽃 문양에 대한 인식이 있었다는 것을 알 수 있다. 연꽃 문양, 즉 연화에 대한 기록이 가장 빠른 것은 기원전 11세기에서 기원전 6세기경의 작품으로 알려진 중국에서 가장 오랜된 북방 시가詩歌이자 오경 중 하나인《시경詩經》에서 찾을 수 있다. '연화'를 관상하는 용도로 표현했는데 '습한 곳에는 하화荷花가 있다'[2]라는 기록이 있으며,《시경·진풍陳風·택피澤陂》에는 '저 못에는 향포와 연꽃이 있다'[3]라는 기록도 전해진다.《이아爾雅·석초釋草》에서도 '하荷는 부거芙蕖이며, … 그 열매는 연자다'⁴라는 기록도 찾아볼 수 있다.

고대에서 '하荷'를 '부거芙蕖'라고 칭하던 점으로 미루어 보아 '부거'는 '연화'를 의미한다는 것을 알 수 있다. '하荷'에 관한 기록은《시경·정풍鄭風·산유부소山有扶蘇》에서 찾아볼 수 있다. 하화를 아름다움의 대상으로 비유하면서, 여자의 남자에 대한 애정과 보고픔, 그리움으로 표현한 것이다. 중국 북방 시가의 대표작인《시경》이 있다면, 남방에는 남방 시가의 대표작인《초사楚辭》가 있다.《초사》에도 연꽃과 관련된 기록이 등장하는데, '부용꽃을 모아 옷을 삼다',⁵ '부용꽃을 매개로 삼다'⁶라는 구절이 등장한다. 모두 연꽃에 관한 문헌상의 빠른 기록들이다.

이처럼 '하荷'와 '연蓮'은 모두 연꽃을 의미한다. 대부분 여성이 남성에 대한 애정과 그리움을 표현하고자 할 때 등장하고 있다. 2500년 전 유행한《시경》에 등장하는 '연화'는 고상하고 아름다운 남자에 대한 여성의 사랑하는 마음을 표현한 것이다. 당시 연화는 남녀 사이와 사람들의 마음속에서 아름다움을 대신하고 있는 이미지를 내포하고 있었던 것이다.

그렇다면 남녀의 애정과 관련된 내용에 연꽃이 등장하는 이유는 무슨 이유일까? 우주 만물의 근원인 음양의 조화를 이루는 관계에서 남녀의 구성은 매우 중요하다. 남녀의 조화는 새로운 생명을 탄생시키는 신호이기도 하다.《시경》에서 남녀가 만나는 부분에서 등장하는 '하荷'와 '연蓮'은 남녀의 사랑을 노래하는 데 있어 중요한 소재로 등장했고, 애정을 나누는 데 있어서도 상징적인 꽃이었던 것이다. 이러한 내용을 확장시켜보면 결국 연꽃은 우주 만물의 원동력과 생명력을 강조했던 것이다. 남녀의 애정에서 새로운 생명이 탄생하는 것처럼 연화는 생명의 연속과 순환에서 중요한 상징성을 가지고 있었다. '연화'에 대한 의미는 춘추전국 시기의 문장에서도 자주 나타나고 있다. 연꽃과 연잎은 순결과 정결의 상징적 의미로 표현되었고, 위진 시기 이후에도 연화와 연관된 기록은 계속해서 등장하는데, 민홍유閔鴻有의 부거부芙蕖賦에서도 연화를 주된 소재로 삼으며, 남녀가 만나 연자를 따러가는 것을 묘사하고 있다. 모두 남녀의 사랑에 대한 의미이자 새로운 생명의 탄생으로 생명 창조와 함께 순환의 의미로 해석되어야 할 것이다.

불교의 공인 이후에도 연꽃은 불교적 색채 외에도 남녀의 애정시를 논할 때 여전히 등장하고 있다. 〈상화가사相和歌辭·강남江南〉에는 '강남에는 연화가 있는데, 그 위에서 물고기들이 동서남북 여기저기 뛰어노는구나'[7]라고도 기록하고 있으며, 《악부시집樂府詩集·청상곡사일清商曲詞一·자야하가지팔子夜夏歌之八》에서는 '달에 올라 부용을 캐니, 밤마다 연자를 얻노라'[8]라고 했으며, 응소應劭의 《풍속통風俗通》에서는 '배가 물을 뿜어내는 것이 마치 연꽃과 같다'라고 표현하고 있다.[9] 이러한 문장에서 알 수 있는 것은 연화는 아름다움과 좋아하는 대상에 대한 무한한 애정과 찬사를 보내고 있을 때 등장하고 있었다.

남조 시대(지금의 난징)는 지리적으로 온화하고 따뜻한 기후에 속한 지역이다. 이 지역에 대한 경치를 묘사할 때 연화로 비유했는데 '아름답게' 또는 '사랑한다' 등의 용어로 연화에 대한 찬사를 보내기도 했다. 연화부蓮華賦에는 '나에게는 연화가 가득한 못이 있는데, 황금처럼 사랑한다'[10]라는 내용이 전해지고 있다. 옛 문인들은 연화, 기하芰荷, 부거芙蕖 등을 아름다움, 사랑, 애정, 그리움 등의 내용을 담고 싶을 때 언제나 글로 표현했다. 이러한 자료를 통해 알 수 있는 것은 연꽃은 불교라는 종교적인 색채가 아니라, 우주 만물 창조의 상징으로 광명의 꽃, 생명의 꽃이었다.

연화 문양은 우주 만물이 생성되는 원리를 표현하고 있고, 생명의 탄생과 더불어 생명의 연속성을 상징한다. 오늘날 전통 문양에 어김없이 연화 문양을 응용한 문양들이 등장하고 있다. 만약에 연화 문양을 불교의 종교적 색채로만 인식한다면 박물관의 문화상품이나 아트 포장지 또는 벽지 등에서 연화 문양은 매우 제한적으로 사용되어야 할지도 모른다. 종교가 다른 사람들에게는 거부감이 있을 수도 있기 때문이다. 그런데 한국의 전통 문양을 설명할 때 반드시 등장하는 것이 연화 문양이다. 무엇이 전통 문양인가를 논할 때, 불교적 종교성이 강한 연화 문양을 전통 문양이라고 할 수 있을까? 그렇지 않다. 연화 문양은 식물의 한 종류이자 생명의 꽃, 다시 말해 우주 만물의 생명의 꽃이었던 것이다. 우주 만물의 생명의 꽃, 인류가 그 자리에 있었던 것이다.

연화 문양이 지니는 상징성은 당대唐代 이후에는 완전히 달라진다. 연화에 대하여 사랑하는 마음과 종교적 성향이 함께 배어나는 내용이 등장하기 시작한다. 이러한 자료를 통해 알 수 있는 것은 연화는 불교의 공인 이전에 이미 등장했고, 그 의미는 우주 만물의 생성 원리와 태양의 원동력을 상징하는 길상적인 의미였던 것이다.[11] 음양이 조화롭게 어우러지는 남녀관계를 표현했던 것도 연화가 지니는 근본적인 상징에서 비롯된 것이다. 명나라 화가 설문청薛文清의 그림에는 길상 문양의 매화[梅], 난蘭, 국화[菊], 연꽃[蓮]이 등장한다. 고대국가에서 길상 문양의 소재는 주로 동물, 식물, 일월성신日月星辰, 유수流水, 서운瑞雲 등을 표현했지만, 시간이 지나면서 새로운 종교적 색채가 도입되고서는 도교와 불교의 영향으로 문양도 다양하게 변화된다. 당대唐代 이후, 이러한 문양들은 우리나라를 포함하여 중국과 일본에도 영향을 주게 된다. 문헌상의 기록을 통해 볼 때 '연화'는 생명과 광명의 의미에서 출발했고, 일 년 사계절 평안의 의미로 해석하면서 매화, 난, 백합, 연꽃, 계화, 수선, 남천南天 등과 함께 길상 문양으로 자리를 잡게 되었다.

　중국 춘추 시기 제작된 연학방호蓮鶴方壺 청동 기물에는 연잎이 기물의 좌우에 배치되고 있으며 상단부에는 연꽃이 배치되어 있다. 기물의 가장 높은 자리에는 학 문양이 있으며, 용 문양은 기물 아래에 배치되어 있다. 춘추전국 시기 와당에서는 식물 문양의 잎과 연화 문양이 자주 등장한다. 1973년 하모도 유적에서 출토된 연화화석과 춘추 시기 청동기 연화문과 앙소문화와 대문구 신석기 시기의 사발[陶鉢]에서도 연화 문양이 등장하고 있다. 마찬가지로 불교 공인 이전부터 이미 등장하고 있었다. 이렇게 연화 문양은 고대 기

연학방호(蓮鶴方壺) 청동기(중국 허난성박물관 소장)

정주대하촌(鄭州大河村) 출토 도발(陶鉢)(복제품, 중국 앙소문화박물관 소장)

대문구문화(大汶口文化)(중국 산동박물관 소장)

앙소문화 화판문채도발(花瓣文彩陶鉢) 식물 문양 사발(중국 허난성박물관 소장)

물에서 흔히 볼 수 있었던 식물 문양이었던 것이다.

　불교 이전의 연화 문양과 불교 전래 이후의 연화 문양을 살펴보면 문양의 형식에 있어 차이점이 나타난다. 그러나 이 둘의 공통점은 연화의 상징적인 함의가 모두 상서로운 길상적 의미를 담고 있다는 것이다. 여기서 우리는 길상적 의미를 담고 있는 연화문에 대한 다양한 각도에서 이해할 필요가 있다. 고대 연화 문양은 인류의 사유 세계를 주관했던 원시적인 사상적 개념에서 출현했다는 점을 문헌과 출토 유물을 통해 알 수 있었다.

우리나라에서 연꽃의 기원은 불교가 전래되는 시점이 다르기 때문에 해석에서 차이가 있을 수밖에 없다. 우리나라는 삼국시대에 이르러서 고대 중국과의 국제적인 교류를 통해 연화 문양이 전래되어 온다. 고구려는 북조의 영향, 또 백제와 신라는 고구려를 통해 연화 문양이 전래되었다. 좀더 자세히 살펴보면 백제는 남조와의 직접적인 교류가 이루어졌고, 후에는 수당과의 교류를 통하여 중국 고대의 선진문화가 전래되었던 것이다. 고구려에 불교가 전래된 시점은 372년 소수림왕 때 전진前秦의 왕 부견이 승려 순도를 고구려에 보내어 불교가 공인되었으며, 다양한 선진 문화가 유입되면서 많은 건축물과 예술품에 연화 문양이 등장하게 된다. 고국양왕은 불교를 장려했으며, 광개토대왕은 392년 평양에 9개의 사찰을 창건하기도 했다. 고구려 와당이나 벽화에 표현된 연화문은 이 시기의 것으로 추정되고 있다. 그 때문에 연화 문양은 불교가 정착하는 과정에서 나타난 결과라 할 수 있겠다. 불교가 전래되는 4세기 후반부터는 연화 문양 와당은 등장하기 시작했고, 427년 평양 천도 이후에는 본격적으로 유행하기 시작한다. 그러나 그 이전에 이미 고구려도 중국과 마찬가지로 자신들이 가지고 있는 토속문화가 있었으며, 그 속에 불교의 문화가 적극 장려되었을 것이다. 따라서 고구려의 경우도 본래의 토속문화와 불교라는 외래문화의 수용과 융화였으며, 이 과정에서 연화 문양이 등장한 것이다. 고구려가 건국되는 기원전 37년부터 불교가 공인되는 기원후 372년까지의 과정을 고려했을 때, 토속문화를 바탕으로 이미 문화는 형성되었을 것이다. 따라서 연화 문양에 대한 해석에서 우리나라의 경우는 불교와 연관된 부분으로 해석됨이 옳지만, 고대 문양의 형성 과정에서는 불교 공인 이전에 등장한 연화문에 대한 해석에도 집중할 필요가 있겠다.

2. 남녀의 사랑을 담아낸 연화 문양

그렇다면 연화 문양이 지니는 상징성은 어디에 있었을까? 연화 문양의 상징성은 순결, 사랑, 남녀의 그리움 등에서 주로 사용되었다. 고대 이집트에서도 태양과 생명의 근원 그리고 재생으로 인식하고 있다. 연화 문양의 초기 형태에서 변화되는 과정을 보면, 식물의 잎으로 표현하기도 하며, 소용돌이치는 물의 형태, 이글거리는 태양의 형태 등의 문양으로 표현하고 있다. 고대 중국 와당 문양을 살펴보면 태양을 상징하고 우주 만물의 근원을 상징하는 연화 문양과 유사한 중환문重環文(반원형의 선 형태), 윤복문輪輻文(마차 바퀴 형태), 규문葵文(해바라기 문양 형태)이 있다. 이러한 문양들의 공통점은 중앙을

진대(秦代) 연화문 와당(중국 베이징 고도문명박물관 소장)   전국 시기 연화문 와당(중국 시안 진전한와박물관 소장)

중심으로 일정한 방향으로 돌아가는 특징이 있다.[12]

문양의 형태를 살펴보면 가장 큰 특징은 연꽃일 것이다. 연꽃을 소재로 할 때 문양에는 주로 꽃잎이 등장한다. 기물에 문양을 어떻게 사용했는지에 따라 연꽃의 표현 기법이 약간씩 차이가 있지만, 꽃봉오리의 표현, 만개한 꽃의 상태, 하나씩 떼어서 낱개로 표현한 꽃잎 등 다양한 모습으로 연출이 가능하다. 낱개의 꽃잎 형태를 문양으로 표현하다 보면 때로는 아몬드 형태로 표현되기도 한다. 와당의 중앙에는 연꽃의 씨앗으로 보이는 연주連珠 문양이 배치되기도 한다.

중국 시안에 위치한 진전한와박물관秦塼漢瓦博物館에 소장된 연화문 와당은 가장 빠른 전국 시기의 연화 문양 와당이다. 전국 시기에 등장한 연화 문양 와당은 진나라 궁궐에서 사용된 것이다. 꽃잎은

4엽, 5엽, 8엽으로 배치되어 있다. 연꽃의 수가 조금씩 다르고 중앙(당면)에는 작은 구슬의 연주도 함께 배치되어 있다. 와당의 중앙에는 네 잎의 작은 꽃잎이 배치되어 있는 사엽문(네 개의 잎)도 등장하고 있다. 일부 와당에는 꽃잎과 함께 길상적 의미를 담고 있는 구름 문양이 배치되기도 했다. 이 시기의 연화문 와당은 문양의 핵심이었던 연꽃문 외에도 연주 문양[連珠文], 삼각 문양[三角文], 초엽 문양[草葉文] 등 다양한 형식의 문양이 함께 시문되어 있다. 그러나 문양의 핵심은 식물의 한 종류였던 연화 문양이었다.

진나라 와당에는 연화 문양과 유사한 식물 문양이 등장한다. 진시황이 중국을 통일하기 이전, 전국 시기 진나라 와당에는 유목 민족의 특성을 반영한 동물 문양이 주로 나타난다. 그러나 진 왕조가 성립된 이후에는 이러한 동물 문양이 자취를 감추고, 연화 문양이나 구름 문양 등 새로운 형식의 문양이 등장한다. 이는 유목적 성격을 지닌 동물 문양에서 중앙집권적의 진 왕조로의 체제 전환이 이루어졌음을 문양의 변화 양상을 통해 확인할 수 있는 부분이다. 이러한 문양의 흐름은 한대漢代에 이르러 길상적 의미를 지닌 운문雲文이 중심을 이루며, 연화 문양은 점차 드물게 나타난다. 그러나 위진남북조 이후에는 불교의 본격적인 확산과 영향으로 연화 문양이 급속도로 빠르게 유행한다. 이때부터는 본격적인 불교의 영향이었다.

전국 시기에 유행하던 연화 문양은 한대 시기에는 거의 나타나지 않는다. 그 배경에는 당대의 사상과 세계관의 변화가 자리하고 있

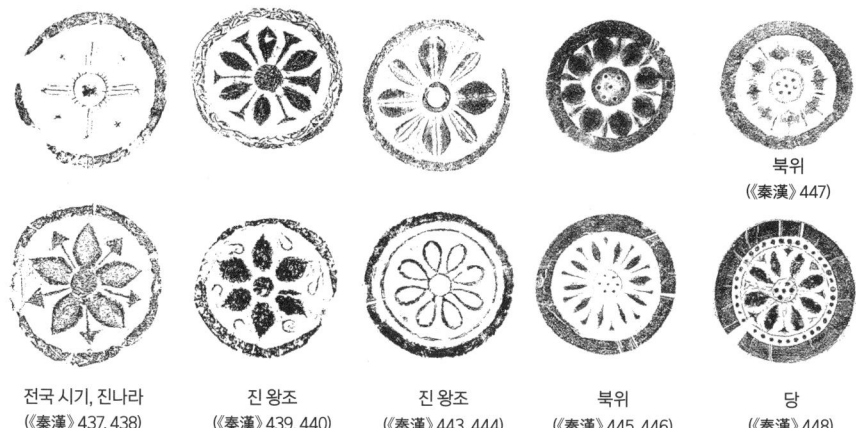

				북위
				(《秦漢》447)

전국 시기, 진나라	진 왕조	진 왕조	북위	당
(《秦漢》437, 438)	(《秦漢》439, 440)	(《秦漢》443, 444)	(《秦漢》445, 446)	(《秦漢》448)

연화 문양 와당의 시기별 단계(《秦漢》은 《秦漢瓦當》의 약칭)

었다. 마찬가지로 위진남북조 이후 연화 문양의 유행 역시 불교 사상의 확산과 깊은 관련이 있다. 전국 시기에 성행하던 연화 문양이 한대에 이르러 급격히 줄어들고, 대신 구름 문양이 대거 등장하게 된 것도 당시의 사상적 배경과 지배층의 세계관을 반영하는 결과라 할 수 있다. 한대는 황로사상黃老思想(중국 고대 황제 사상과 노자의 도가 사상을 결합한 사조)과, 한무제漢武帝의 독존유술獨尊儒術 정책으로 유가가 국가의 지배 이념으로 자리잡은 시기였다. 이에 따라 태양 숭배를 비롯하여, 우주의 근본 원리와 생명의 근원을 상징하는 구름 문양이 길상적 의미를 지닌 문양으로 널리 사용되었다. 오늘날에도 주변에서 쉽게 볼 수 있는 구름 문양은 이러한 전통적인 길상 의미를 담은 문양으로, 여전히 다양한 전통 공예와 건축 장식 등에 사용되고 있다.

전국 시기 진나라 윤복문 와당(《秦漢》107)　　전국 시기 진나라 윤복문 와당(《秦漢》120)

물론 한대 와당에서도 연화 문양이 발견은 된다. 그러나 구름 문양을 보조하는 형식으로 등장할 뿐 전국 시기 유행한 연화 문양처럼 강하게 나타나지는 않고 있다.

고대 연화 문양 와당 가운데 가장 이른 시기에 해당하는 것은 전국 시기 진나라 와당으로, 연화 문양의 기원이라 할 수 있는 이 문양은 우주 생성의 원리를 상징하는 것으로 해석된다. 이후 문양의 발전 과정을 살펴보면, 북위 시기의 연화 문양 와당과 그 이전 시기의 연화 문양 와당 사이에서도 일정한 유사성을 확인할 수 있다. 이를 통해 연화 문양이 시대에 따라 변화를 거듭하면서도 기본적인 상징성과 조형적 요소를 지속적으로 유지해왔음을 알 수 있다.

위의 그림은 전국 시기 진나라의 구름 와당으로, 태양을 상징하는 윤복문輪輻文(한 방향으로 회전하는 문양)이 배치되어 있다. 윤복문과 연화문이 어떤 관계를 지니는지에 대해서는 향후 구체적인 연구가 필요하지만, 전국 시기의 윤복문과 연화문은 매우 유사한 형태적 특징을 공유하고 있다. 진대秦代 와당 가운데 당심(와당의 중앙)에 4엽 또는 8엽의 꽃잎 문양이 배치된 와당과 때로는 구름 문양과 식물 문양이 혼합된 형태도 보인다. 이 유형의 와당은 진대를 거쳐 한대漢代에도 지속적으로 나타난다. 당심을 중심으로 삼엽문三葉文 또는 사엽문四葉文으로, 당심을 중심으로 식물 문양이 방사형으로 배치되어 있으며, 한대에는 와당의 중앙에 연화 문양의 흔적이 거의 나타나지 않지만, 이후 시기에는 전형적인 연화 문양이 다시 등장하기 시작한다. 북조北朝 이후에는 운문雲文이 완전히 사라지고, 연화 문양이 전성기를 맞이하게 된다. 이러한 변화는 사상적·문화적 배경과 밀접하게 연관되어 있으며, 특히 북조 이후 본격적으로 확산된 불교문화의 영향으로 이해할 수 있다.[13]

와당은 문자 외에도 문양을 통해 당대의 문화와 사상, 그리고 종교적 세계관을 그대로 표현하기도 했다. 와당은 지붕 위에 설치되는 건축 부속 재료로, 위진 시기 이후 일반 건축물에도 널리 사용되었으나, 그 이전까지는 궁궐 건축에서만 사용되는 특수한 장식재였다. 이러한 와당 문양은 생명과 우주의 근원을 상징하고, 그 의미를 부여하는 매개체로 기능했다. 특히 궁궐 건축에만 이러한 문양을 사용했던 이유는 지배층의 권력을 과시하거나 자신들만의 사상적·종교적 세계관을 표현하기 위한 의도였는지 정확히 알 수는 없으나 관련 자료를 통해 추정은 된다. 비록 그들이 문자를 통해 기록하지는 않았지만, 와당의 문양을 통해 자신들의 세계를 시각적으로 표현하고자 했으며, 그 문양 속에는 당시 권력층이 지니고 있던 우주관과 통치 이념이 담겨 있었다. 무엇보다도 지붕의 와당은 하늘과 가장 먼저 마주하는 건축 요소로, 이를 통해 하늘과의 교감과 권위의 상징성을 강조하고자 했던 것으로 보인다. 이러한 배경 속에서 와당 문양은 시대의 변화와 사상적 전환에 따라 지속적으로 변모하고 발전해왔던 것이다. 만약 연화 문양을 불교적 상징으로만 이해한다면, 우리는 전통 문양 속에서 연화 문양을 볼 때마다 이를 불교적 의미로만 해석해야 할 것이다. 그러나 실제로 연화 문양은 불교의 전래 이전부터 존재해왔으며, 불교 전래 이후에도 다양한 공간과 용도로 사용되면서 종교적 의미를 넘어선 상징으로 사용되고 있었다. 이를 확인할 수 있는 사례로 전주에 위치한 성심여자중학교 담벼락의 연화 문양을 들 수 있다. 이 문양은 중앙을 중심으로 8개의 꽃잎이 배치되어 있으며, 연화 문양의 형식을 모티브로 하고 있지만, 이를 통해 학교가 불교계 학교라거나 불교적 성격을 지닌다고 해석하는 이는 없다.

이러한 사례는 문양이 사용된 맥락과 공간에 따라 그 의미가 달라질 수 있음을 보여준다. 설령 학교 설립자의 특별한 의도가 있었을 가능성을 배제할 수는 없지만, 단순히 조형적 아름다움이나 생명의 근원, 우주의 근원을 상징하는 의미에서 연화 문양을 선택했을 수도 있다. 특정 문양이 지닌 상징성을 고정된 해석으로만 이해하기보다는 사용 맥락과 시대적 배경을 함께 고려하여 해석하는 태도가 필요함을 시사한다. 문양을 단지 장식적 요소로 치부하기

전주 성심여자중학교 담장의 연화 문양

경주 불국사 대웅전 연화 문양

일본 도쿄 센소지 연화 문양

보다는 그 안에 담긴 의미와 시대별 해석의 변화를 읽어내는 것이 중요하며, 이는 모든 전통 문양에 공통적으로 적용되는 해석 방식이라 할 수 있다.

이 학교 담장의 문양은 식물 문양의 패턴 형식을 따르고 있다. 물론 고대 연화문이 지니는 종교적·상징적 의미를 의도하여 제작된 것은 아닐 가능성이 크다. 그러나 연화문 형식을 차용하여 중앙을 중심으로 작은 잎과 큰 잎이 네 개씩 배열된 구성을 통해 시각적 안정성과 균형미를 보여주고 있다. 특히 이러한 패턴은 고대 연화

문의 꽃잎이 8엽으로 시문되던 전통적 형식과 유사한 구성을 지니고 있어, 연화문 고유의 형식미가 현대 조형물 속에서도 여전히 활용되고 있음을 확인할 수 있다. 이는 문양의 종교적 상징성을 떠나, 그 조형적 요소가 지닌 미적 가치가 지속적으로 계승되고 있음을 보여주는 사례라 할 수 있다.

3. 하늘에 걸린 구름을 그리다: 구름 문양

오늘의 날씨가 어떤지 궁금하다면 하늘을 올려다보는 것만으로도 쉽게 알 수 있다. 맑게 갠 푸른 하늘에 하얀 구름이 흘러가고 있다면, 오늘 하루 역시 좋은 날씨일 것이라는 예상을 하게 된다. 과연 파란 하늘이 기분을 좋게 만드는 것인지, 아니면 그 위에 떠 있는 흰 구름이 마음을 평온하게 하는 것인지 생각해보게 된다. 어릴 적 초등학교 시절의 기억 속 하늘은 늘 푸르고, 그 위로 흰 구름이 천천히 흘러가던 풍경이었다. 고대 사회에서도 사람들은 그런 하늘을 바라보며 맑은 날씨를 예측하고, 하루의 평안을 기대했을 것이다. 구름은 그때도, 지금도 사람들의 마음을 행복하게 만드는 자연의 선물이었다. 시대가 달라져도 하늘과 구름을 바라보며 느끼는 감정은 변하지 않았을 것이다.

언제부터 구름이 상서롭고 기분 좋은 하루를 의미하게 되었을까. 본래 구름을 뜻하는 한자는 '운雲'인데, 이 글자는 두 가지 형태에서 비롯되었다. 먼저 '말하다'라는 뜻을 지닌 '운云'이 있었는데, 원래 '말하다'의 뜻이 아닌 '하늘에 구름이 걸린 모습을 상형'한 것이다. '말하다'는 두 번째 의미로 사용된 것이다. 지금도 구름이 많이 낀 날은 비를 예보한다. 그 당시에도 그랬을 것이다. 왜냐하면 구름이 비를 몰고 다니는 속성이 있기 때문에 '우雨'가 더해지면서 오늘날 '운雲' 자가 만들어진 것이다. 이와 관련되어 가장 오래된 기록으로는 3500년 전 상나라 시기의 갑골문에 등장하는 '운云' 자를 확인할 수 있다. 갑골문 '운云' 자는 하늘에 떠 있는 구름의 모습을 사실적으로 묘사하고 있다.

이처럼 구름은 고대부터 하늘과 자연 현상을 상징하는 중요한 요소였으며, 길상의 의미를 담아 각종 문양 속에 반복적으로 등장해왔다. 중국 고대 와당에 나타나는 구름 문양 역시 이러한 상서로운 의미를 반영한 것으로, 그 형태는 오늘날 전통 문양에서 자주 볼 수 있는 구름 문양과 거의 유사하다. 이러한 문양의 지속적 사용은 구름이 지닌 자연적 이미지와 더불어, 사람들의 마음속에 행복과 평안을 상징하는 기호로서 자리잡아 온 오랜 전통을 보여주는 것이다. 구름 문양은 길상적 의미였기에 신석기 질그릇에서도 구름 문양이 등장하고 있었다.

비가 오면 기왓골을 타고 내리는 빗물을 막기 위해 만들어진 와당은 서주 후기부터 사용되기 시작했다. 초기의 와당은 아무런 문양이 없는 '소면素面', 즉 무문無文이었다. 점차 시간이 흐르면서 와당 표면에는 선이 채워지기 시작했고, 이 선들이 모여 다양한 문양을

대문구문화(신석기 후기, 기원전 4300~기원전 2500년), 운뢰(雲雷) 문양 토기(중국 산동박물관 소장)

이루게 되었다. 이렇게 만들어진 문양이 오늘날 우리가 '전통 문양'이라 부르는 것이다.

 이 과정은 고대국가에서 벽화에 그림을 그려나가는 방식과 비슷하다. 예를 들어, 둥근 고리 모양을 여러 줄을 겹쳐서 그리는 '중환문重環文'이 있는데, 이는 중복된 고리 형태를 뜻하는 의미로 만들어진 명칭이다. 중환문은 선을 이용해 면을 완성하는 기법으로, 보통 다섯 줄의 선으로 구성되지만 세 줄인 경우도 있다. 이처럼 와당 면에 선을 넣기 시작한 것이 와당 문양 형성의 출발점이 되었으며, 가장 먼저 만들어진 와당 문양은 선과 면의 결합이었던 것이다.

 구름 문양은 운기문雲氣文이라고 한다. 선을 이용하여 굴곡의 형태로 표현하는데, 이 과정에서 경쾌함과 유동성을 발견하게 된다.

운문은 하늘로 높게 상승하는 여의如意와 길상의 상서로움을 상징하며 청동기와 벽화, 와당, 칠기, 직물 등 다양한 기물의 문양에도 사용되고 있다. 중국 고대 전통 관념에서 구름은 천공에서 움직이고 있기에 하늘을 대표한다고 믿었으며, 신선이 타고 다니는 도구로 여기기도 하며, 만물을 적셔주는 비의 근원이라고 믿었다. 이 때문에 고대에서 구름은 줄곧 길상적 의미를 지닌 서일상운瑞日祥雲을 대표한다고 여긴 것이다. '서일상운'은 문화사적·예술사적 의미로 상서로운 빛과 구름이 함께 비추는 길상의 날로, 즉 복된 기운과 경사가 깃든 길일을 의미한다. 행복·길상·장수를 의미하면서 전통 문양에 자주 사용한 문양이다.

전국 시기 초나라 시인 굴원屈原의 《초사楚辭·구가九歌·운중군雲中君》은 신에게 제사를 지내는 의식을 노래한 부분인데, 여기서 구름의 신에게 제사하는 부분을 언급하고 있다. 후한 왕일王逸의 주석에 의하면, "운신풍륭야, 일왈병예雲神豊隆也, 一曰屛翳"로 구름의 신을 풍륭豊隆이라 일명하고 병예屛翳라 칭했다는 내용이 나온다. 병예는 비를 다스리는 신을 의미한다. 운중군雲中君은 구름의 모습만을 형상화한 것이 아니라 강우와 풍요 그리고 자연의 순환을 관장하는 비의 신인 것이다. 구름 가운데 사다리로 비유한 '운제雲梯'도 등장하는데, 신선이 하늘로 오를 때 사용하는 도구로 진晉나라 곽박郭璞의 유선시遊仙詩에는 '천제天梯'라는 용어가 등장한다. 유선시는 도교적인 색채가 강한 작품인데, 여기서 신선의 세계를 유람하면서 불사의 경지를 노래하고 있다. "천제가반제天梯可攀躋"(하늘로 오르는 사다리

서주 시기 중환문(중국 베이징 고도문명박물관 소장)

중환문 반와당(중국 시안 진전한와박물관 소장)

를 타고 오를 수 있다)로 천제란 하늘과 인간 세계를 연결하는 다리로 인간이 신선이 되고 천상으로 오를 때 통로 역할을 했던 것이다. 이렇게 본다면 구름은 도교적 색채가 강하게 나타나고 있지만, 당시 인류의 세계관에서 신선의 기운은 길상의를 확장시키기에는 충분했다. 구름은 하늘 위에 존재하고 있으며, 그 변화를 예측할 수 없어 고대국가에서는 구름의 형상 또는 색의 변화를 인간 세계에 나타나는 길흉의 징조로 보았던 것이다.[14]

서주 시기의 중환문은 선진先秦 시대 청동기 문양 중 하나인 중환문과 그 형태가 유사하다. 중환문은 주로 서주 중후기에 사용되었으며, 주 왕조의 왕권과 통치 사상을 반영하는 문양으로, 천체의 별자리[星象]를 상징하는 것으로 알려져 있다. 이러한 중환문은 서주 시기 청동예기靑銅禮器에 사용되었을 뿐만 아니라, 와당 문양에서도 등장하고 있다. 특히 궁궐 지붕 위에 위치한 와당에 중환문이 사용된 것은 왕의 통치 사상을 하늘과 가장 먼저 접하는 장소에 드러내고자 한 자연스러운 표현이었다고 볼 수 있다. 중환문은 춘추전국 시기 이후에는 더 이상 등장하지 않으며, 그 자리를 태양이나 소용돌이치는 물을 형상화한 문양이 대신하게 된다.

구름을 형상화한 문양은 오늘날에도 문화상품이나 전통 복식 등 주변에서 흔히 볼 수 있으며, 그 형태 역시 고대 문양과 거의 유사하다. 구름 문양은 고대국가 시대부터 매우 빈번하게 사용되었고, 특히 진한秦漢 시대의 와당에 나타난 구름 문양은 시기별로 다소 변화를 보이기도 한다. 우리가 전통 문양으로 인식하는 구름 문

진대(秦代) 태양[太陽文] 혹은 물이 회전하는 문양인 물문양[水文](중국 시안 진전한와박물관 소장)

양의 기원과 그 상징성을 알게 되면, 이 문양이 단순한 장식 이상의 특별한 의미를 지닌다는 사실을 깨닫게 된다.

예를 들어, 1장에서 언급한 백월당 음식점의 표지판 테두리에 사용된 구름 문양만 보아도 고대부터 이어져 내려온 상징적 의미가 담겨 있음을 알 수 있다. 특히 왕이 사용하는 공간인 궁궐 건축의 와당에 구름 문양이 등장한다는 점은 이 문양이 지닌 상징성이 그 시대의 사상과 철학을 대표하는 중요한 '언어'였음을 보여준다. 따라서 문양이 전달하는 의미를 이해하는 것은 한 시대의 역사, 문화, 세계관을 직접적으로 이해할 수 있는 핵심적인 열쇠가 된다.

오늘날 머릿속에 떠오르는 구름 문양을 살펴보면, 전통 문양 전반에 걸쳐 매우 빈번히 사용되고 있음을 알 수 있다. 특히 전통 복

진대 수문(水文) 문양에서 한대 구름 문양 와당으로 변화(중국 시안 진전한와박물관 소장)

식에서 구름 문양이 반드시 등장하는 이유는, 이 문양이 길상의 의미를 지니고 있기 때문이다. 조선시대 화로와 떡살에 새겨진 문양에서도 구름 문양이 배치되어 있으며, 이는 진한 시기에 등장한 구름 문양과 거의 동일한 형태를 유지하고 있다. 비록 시간의 차이는 크지만, 구름 문양 자체에는 거의 변화가 없다는 점이 흥미롭다.

조선시대 화로(국립민속박물관 소장)

조선시대 떡살(국립민속박물관 소장)

4장. 문양을 그리다

4. 진시황은 물을 따랐다

진시황은 혼란스러웠던 제후국을 최초로 통일하면서 자신을 천자라고 내세우면서 정치적 이념을 만들었다. 천자란 하늘의 아들이며, 하늘을 대표하는 것은 태양이다. 고대 관념에서 태양은 하늘의 중심에 있으며, 만물을 비추고 질서를 유지하는 절대적인 존재로 인식되었기 때문에 구름 문양과 태양과 규문葵文(해바라기 문양)의 등장은 매우 자연스러운 것이었다. 이들 문양의 특징은 중앙을 중심으로 일정한 방향으로 회전한다는 것이다. '중앙과 회전'은 황제를 천하의 중심에 두어 상징하기에 매우 적합한 문양이었다.

태양은 우주 질서와 순환의 원리를 대표하기도 한다. 고대 중국에서는 천원지방天圓地方, 즉 하늘은 둥글고 땅은 네모나다는 세계관이 존재했는데, 태양의 순환이 자연의 질서와 생명의 근원에 큰 영향을 끼친다고 믿었다. 이러한 원리에 따라 규문은 태양의 회전과 천체의 순환하는 모습과 흡사하며, 천자가 우주 질서를 주관하고 하늘의 명[天命]을 이어받았음을 상징적으로 나타내준 것이다.

특히 진 왕조와 한대 초기에는 태양문 또는 규문이 궁궐 건축 와당 문양에 흔하게 사용되었다. 시간이 지나면서 한대 중기 이후에는 황로사상의 영향으로 자연과 조화를 중시하면서 무위자연에 대한 이론이 강하게 퍼지게 된다. 일정한 방향으로 회전하는 태양문과 규문은 점차 자연의 조화를 이루는 구름의 형태로 문양이 변하게 된다. 황로사상이라는 사상적 개념이 도입되면서 문양에 따른 변형이 생기지만 태양문이든 규문이든 또 구름문이든지 모두 하늘에 존재하는 중요한 사상적 배경을 만드는 데는 별 무리가 없었다.

이처럼 구름 문양은 생명의 근원이자 우주의 순환 그리고 상서로움을 상징하는 길상적 문양으로 인식되기 시작한다. 한대의 구름 문양은 궁궐 건축을 담당한 와당 문양에 사용되었다. 하늘과 가장 먼저 만나는 지붕 위에 배치해 신과 교감했던 의미―와당 문양이 그 역할을 했던 것이다.

이후 위진남북조 시기에는 불교의 유입과 함께 연화 문양 외에도 구름 문양이 불교적인 상징성을 가지게 된다. 불교에서는 구름이 극락세계를 의미하며 천상의 세계 또 신성한 공간을 상징한다. 고구려 시기 불상의 광배를 보면 알 수 있듯 불상의 광배에는 언제나 연화 문양과 결합한 구름 문양이 등장한다. 사찰에 사용된 기와나 벽화도 그러하다. 불교가 극성하던 위진남북조 시기 이후부터는 구름 문양은 단순히 우주의 현상을 뛰어넘어 불교에서 다루고자 하는 길상 문양으로 인식된다. 이러한 현상은 중국뿐 아니라 조선시대에도 이어졌으며, 특히 전통 문양을 활용한 복식, 화로, 떡살, 가구, 생활용품 등 다양한 영역에서 문양으로 사용되고 있다. 그 의미는 복을 가져다주고 무병장수를 기원하는 의미로 전통 문양으로 자리잡게 된 것이다. 진한 시기 와당 문양에 등장하는 구름 문양과 조선 후기 생활용품에서 사용된 구름 문양은 그 형태가 거의 유사하다. 연화문처럼 오랜 세월 동안 거의 변형 없이 전통 문양으로 전해지고 있다.

이처럼 태양문 또는 규문에서 시작하여 구름 문양으로 변화된 문양은 단순한 문양의 변화가 아니다. 당시의 세계관과 통치 이념의 개입 그리고 종교와 자연관이 문양에 반영되어왔던 것이다. 따라서 문양은 단순한 장식이 아니라, 한 시대를 살았던 사람들의 가치관과 사유 방식이었으며 권력과 종교의 의미를 담아낸 소리였던 것이다.

진시황이 중국을 통일한 이후 중앙을 중심으로 회전하는 모습을 만들어낸 사상적 배경은 무엇 때문일까? 앞서 살펴본 바와 같이 천자와 태양 그리고 중심 등을 담아낸 근거를 동중서董仲舒(기원전 179~기원전 104)의 《춘추번로春秋繁露》에서 찾아볼 수 있다. 《춘추번로》는 한무제 시기의 사상가로 동중서가 집필한 유가儒家 경전에 대한 해석본이자 철학적 내용을 담고 있다. 이 책에서는 공자의 이론에 대하여 정치·윤리·우주론·천인상응의 사상을 담고 있다. 철학적 내용이 농후하다 할 수 있다.

동중서는 공자가 지은 《춘추》가 단순한 역사서가 아니라, 왕도 정치의 이론과 시대상을 담으며 비판적 그리고 교훈이 되는 내용을 담은 경전이라고 보았다. 동중서는 이러한 해석을 통해 왕의 정치가 하늘의 뜻에 부합해야 함을 강조하고 있다. 그 예로 자연[天]과 인간 세계[人]가 서로 감응感應해야 하는 천인상응天人相應을 강하게 주장한다. 자연의 이치에 따라 왕의 정치도 자연의 원리처럼 순조로워야 하며, 그렇지 않을 경우 하늘로부터 재앙이 발생한다는 개념이다. 하늘의 명을 부여받은 왕권은 천명과 연결되어야 하므로 군주의 덕치를 강조했던 것이다. 결과적으로 음양오행의 원리에 따라 천지 만물이 변화하고, 인간 사회와 정치도 이에 따라야 한다는 것이 동중서 이론의 핵심이다. 동중서의 《춘추번로》는 유교 사상을 정치적으로 이념화시켜 정리하면서 한 왕조의 국가이념으로서 유학의 위상을 확립할 수 있었다. 이러한 이론은 동아시아 유학과 정치사상에도 막대한 영향을 끼치기도 했다.

생각해보면 오늘날 우리의 삶도 그렇지 아니한가. 동중서의 이러한 이론을 현대적 관점에서 다시 재해석할 수도 있다고 생각한다. 시대가 바뀌었어도 자연 순응에 따라가야 할 부분은 여전히 남아 있다. 억지로 무엇인가를 만들어내려고 꾀한다면 인위적이고 가식적인 것에서 드러나는 행동과 태도들이 있다.

《춘추번로》23편에는 삼대三代의 제도에 따라 정해지는 원칙에 대하여 기록하고 있다. 고대 중국에서는 새로운 왕조가 등장하게 되면 왕의 정월을 정한다. 다시 말해 하늘로부터 정해진 왕을 새로운 왕조로 맞이한다는 것이다. 하늘로부터 명을 받은 천자만이 '왕'의 칭호를 쓸 수 있었는데, 천자가 되면 한 해의 기준시(한 해의 시작점)도 바뀌는 것이다, 정월과 초하루의 기준시를 바꾸고, 의복 색깔도 새로 정하는데 오색(다섯 가지의 색)과 오행(우주 만물을 이루는 다섯 가지 원소)의 순리를 따르면서 새로운 왕조임을 천하에 알리게 된다. 천하를 다스리는 천자는 새로운 왕조의 운명이 바뀌면서 스스로 하늘로부터 국권과 정권을 넘겨받았음을 대변한다고 믿었다. 새로운 왕조가 탄생되면서 오색과 오행을 순차적으로 받아들인다. 이

때의 오색이란, 황(노란색), 청(푸른색), 백(흰색), 적(붉은색), 흑(검정색)이며, 오행이란 수(물), 화(불), 목(나무), 금(쇠), 토(흙)로 이 순서들을 순차적으로 받아들인다. 예를 들면, 은殷나라(기원전 1600년경부터 기원전 1046년경까지)는 흰색을 내세우며 백색 계통으로 새로운 시대를 열었다. 은나라에 이어 등장한 주周나라(기원전 1046년경부터 기원전 256년까지)는 붉은색의 적색 계통의 시대를 열었다. 춘추 시기(동주 시대로 기원전 770년부터 기원전 476년까지 약 300년 동안 이어진 시기)는 검정색의 흑색 계통을 받아들여 새로운 시대를 열었는데, 이렇게 서로 다른 색의 계통을 이은 것은 오색과 오행을 순차적으로 따랐던 결과였다.[15]

진시황은 혼란스러웠던 전국 시대를 통일하면서 오색의 흑통(흑색의 정통시대)의 시대를 열며, 오행 가운데 '물[水]'을 따르면서 스스로 하늘로부터 천명을 받았음을 선포한다. 이 시기에는 나라의 중요 의복과 마차 등은 모두 흑색으로 바꾸고 그 정통성을 하늘로부터 부여받은 새로운 왕조임을 선포하게 된다. 중국 역사 드라마를 보면 특히 진시황과 연관된 제작물에서는 의복 색이 흑색이거나 어두운 색으로 연출되고 있음을 쉽게 볼 수 있다. 만약 이러한 사실을 모르고 시청하게 되면 드라마의 영상미가 없다고 생각할 수 있다. 그러나 이렇게 제작된 역사물이야말로 사실적 고증을 통해 반영한 것으로 역사적 사실에 더 가까운 것이다.

이렇게 진시황이 오행 가운데 '물[水]'을 따랐던 것은 '진인수덕秦人水德'에서 비롯된다. 진 왕조는 물의 기운을 받아들여 정치함에 있어 바른 정치를 할 수 있다는 믿음이 있었다. 해바라기 문양과 태양 문양은 모두 일정한 방향으로 돌아가는 특징을 하고 있다. 자연계의 관찰을 통해 사고를 전달한 것으로 당시의 세계관과 의식의 구조를 하나로 모으려 했던 것으로 해석할 수 있다. 바꾸어 말하면 고대 세계관에 의해 당시 정치와 철학을 정착시키려는 의도적인 모습이 보이는 부분이다.

해바라기 문양과 태양 문양은 중앙을 중심으로 사방을 향해 뻗어가는 태양을 묘사하면서 사방을 비춘다는 점을 의식적으로 만들어낸다. 이러한 세계관을 잘 반영하여 기물에 문양으로 등장하게 한 것이 바로 와당 문양이다.

와당의 형태는 동그란 원형으로 만들어졌다. '하늘은 둥글고 땅은 네모나다'라는 천원지방天圓地方에 대한 우주관이 반영된 것이다. 둥근원형은 우주를 의미하고, 그 아래 건축물은 네모난 땅 위에 세워진다. 천원지방은 와당 면을 구성하는 데도 설명되고 있다. 와당의 동그란 원형이 우주라면 그 안에 구획으로 나눈 것은 네모난 땅을 의미한다. 즉 하늘은 둥글고 땅은 네모나다는 천원지방의 우주관은 와당이라는 건축의 부속품이 그것을 설명하고 있다.

고대에 등장한 문양은 분명히 어떤 메시지를 담고 있었다. 특정한 기물에 특정한 문양을 새긴 이유는 시대의 정신과 권력, 그리고 상징적 의미를 전하고자 함이었다. 그 안에는 시대의 정신과 지배자의 뜻, 사람들의 바람과 소망이 담겨 있었다. 어떤 기물에는 어떤 문양을 새기고, 또 그것을 어디에 두었는지에는 분명한 이유가

①《西北》27[16] ②《西北》32 ③《秦漢》173[17] ④《秦漢》169 ⑤《秦漢》158 ⑥《秦漢》176 ⑦《秦漢》150

해바라기 문양과 태양 문양에서 발전한 구름 문양 와당

있었다. 그러한 문양은 한 시대를 넘어 오랜 세월 동안 반복적으로 사용되면서, 오늘날 우리가 '전통 문양'이라 부르는 형태로 정착하게 된 것이다.

현대를 살아가는 우리는 더 이상 문양에 특별한 의미를 부여하지 않는다. 예쁜 무늬라거나, 전통적인 멋이라고 여길 뿐이다. 그러나 아주 오래전 구름 문양의 경우, 건축물의 기와 끝을 장식하는 와당에 처음 등장하면서 실용적인 기능을 넘어 권위와 위엄의 상징으로 자리잡게 되었다. 그것은 실용을 위한 장식이 아니라, 권력과 위엄, 하늘의 뜻을 받드는 왕조의 정신을 상징하는 장치였다. 하늘과 가장 먼저 맞닿는 곳에 문양을 새긴다는 건 그만큼 절대적인 의미가 있었던 것이다.

사실 구름 문양은 와당 이전에도 청동기 기물에서 자주 사용되었으나, 와당 문양에서는 다양한 형태로 변형, 발전하게 되었다. 특히 한대漢代에 이르러서는 구름 문양의 전성기를 맞이했으며, 이 시기의 와당에는 왕조가 하늘의 뜻을 받들어 다스린다는 메시지를 담아, 하늘과 가장 가까운 지붕 위에 구름 문양을 올려두었다. 이는 백성들에게 절대 권력의 위엄을 각인시키려는 의도이자, 왕조의 정통성과 권위를 상징하는 장치로 기능했던 것이다.

한나라 왕조는 자신들이 하늘의 뜻을 이어받아 세상을 다스린다는 메시지를 와당에 담아 지붕 위에 올려두었다. 그것은 백성들에게 절대 권력의 위엄을 보여주려는 의도였고, 동시에 왕조의 정통성을 드러내는 상징이었다.

문양은 결국 시대를 반영하는 또 하나의 언어인 셈이다. 시각적·구조적으로 보이는 문양이지만, 사실 그 안에는 보이지 않는 생각과 믿음, 그리고 권력이 담겨 있던 것이다. 구름 문양 역시 마찬가지다. 우리가 지금 전통 복식이나 문화상품, 전통 장식에서 흔히 만나는 구름 문양이 사실은 그 오랜 시간을 지나며, 권력과 믿음, 그리고 사람들의 소망을 담아온 문양이라는 사실을 알게 된다면 더 이상 '예쁜 전통 무늬'라고만 볼 수 없을 것이다.

와당 면에 배치된 구름 문양은 매우 다양하다. 때로는 매우 추상적이며, 때로는 간소화되어 표현하기도 했다. 이러한 문양들을 통해 그들의 소망과 염원을 하늘에 기탁했다. 궁궐 건축에 사용된 와당 문양은 궁 안에 머무르는 왕족들을 위한 것이었으므로 문양이 가지고 있는 상징성은 중요한 의미가 있다. 문자도 상황은 마찬가지다. 와당에 문양 혹은 문자를 넣는다는 것은 그들이 가장 갈망하던 무엇인가를 의식적으로 표현했던 것이다. 어쩌면 그들에게는 하늘에 소원을 비는 것으로 와당은 최적화된 도구였던 것일지도 모른다. 그래서 그들이 바라는 소망을 하늘과 가장 먼저 만나는 와당에 적었던 것이다. 와당이 궁궐 건축에서만 사용되었을 충분한 이

유가 여기에 있다.

지금도 우리는 사찰에 가면 기왓장 위에 자신의 소망을 적는다. 사찰에서는 '기와불사'라는 것을 하는데, 이것은 단지 사찰 건축에 필요한 기왓장을 올리는 일이 아니라, 마음속 깊은 바람을 기왓장에 적어 부처님께 고하는 의식 같은 것이다. 누군가는 건강을 적고, 누군가는 가족의 평안을 적기도 한다. 또 누군가는 취업에 대한 갈망을 적기도 하고, 또 다른 누군가는 세상의 안녕을 기왓장 위에 적기도 한다. 이렇게 적힌 기왓장은 사찰의 지붕 위에 올려져 오랜 시간 동안 사찰을 지키고 소망을 적어 내려간 사람들의 마음을 지켜준다. 비바람을 견디며 사람들의 바람을 품고 하늘을 마주하게 된다. 가끔 와당 답사로 사찰에 가게 되면 이러한 기와불사를 하는 것을 마주할 때가 있다. 문득 고대국가에서 사용한 와당 면을 채웠던 문자와 문양과 기와불사가 무엇이 다른가 하고 생각한다. 당시의 사람들도 지금과 같은 마음이지 않았을까. 비록 오늘날처럼 글자로 구체적인 소망을 적지는 않았더라도, 문양이라는 언어로, 상징이라는 방식으로 자신들의 바람을 와당 위에 시문했던 것이다. 그리고 그 문양이 지닌 뜻이 하늘에 닿기를, 왕조의 번영과 백성의 안녕을 이루기를 간절히 원했을 것이다.

안녕과 건강을 꿈꾸는 것이야말로 시대와 공간을 넘어선 인간의 보편적인 소망이었을 것이다. 고대 사람들이 궁궐 건축의 와당에 문양을 시문하고, 그 문양을 통해 하늘에 바람을 전했던 것처럼, 오늘날 우리는 기와불사를 통해 같은 마음을 표현하고 있던 것이

경기도 용문사 기와불사   양주 회암사 기와불사

다. 물론 표현의 형식은 달라졌고, 그것을 둘러싼 종교적 의미나 문화적 배경도 변했다. 그러나 '무엇인가를 간절히 바라고, 그것을 하늘에 맡긴다'라는 점에서는 조금의 차이도 없다.

이처럼 인류는 자신들이 원하는 바를 이루기 위해 무엇인가에게 기대고, 기원하며, 소망을 기록해왔다. 그것이 돌에 새긴 문양이든, 지붕 위에 얹힌 기와 한 장이든, 종이에 적은 글귀든, 결국 그 마음의 본질은 같은 것이다. 그러니 고대의 와당 문양도, 오늘날의 기와

불사도 모두 '마음의 형상화'라 할 수 있다. 하늘을 바라보며 자신들의 안녕과 평안을 기원하는 습속은 앞으로도 어떠한 형태로도 계속해서 이어질 것이다. 왜냐하면 그것이야말로 인간이 세상과, 그리고 자신보다 더 큰 존재와 연결되고자 하는 가장 자연스러운 방식이기 때문이다.

와당에 문양을 넣는다는 것은 단순한 장식성이 아니라, 그들이 원하는 바를 문양의 상징성을 통해 간접적으로 표명한 부적 같은 행위였다. 구름 문양은 천체와 연관성이 있으므로 그들의 권력과 신분은 이미 하늘로부터 정해진 것을 강조하는 행위였고, 하늘과 가장 먼저 만나는 와당에 그들이 원하는 소망을 표현할 수 있는 완벽한 공간이었다.

구름 문양이 와당 면을 차지하면서 오랜 시간 유행하던 시기는 한대였다. 그 종류도 다양했다. 우리나라에는 기원전 108년 한무제가 평양 일대에 사군을 설치하면서 기와가 유입되었는데, 이때 처음 구름 문양 와당이 등장하기 시작한다.

창덕궁 지붕에 사용된 구름 문양 와당은 와당 면을 사분으로 구획하고, 각 구획에는 하나씩 네 개의 구름 문양을 배치하고 있다. 이 형식은 한대 시기의 구름 문양과 같으며, 문양의 표현 방식은 곡선이 아니라 꺾인 선으로 처리되어 있는 것이 특징이다.

와당에 배치된 문양은 당시의 세계관을 전달하는 간접적인 표현 방식이었다. 시대가 변화함에 따라 문양은 또 다른 예술성을 강조하게 되었으며, 그 결과 기본적인 모티브를 중심으로 다양하게 변

구름 문양 와당(중국 시안 진전한와박물관 소장)　　　구름 문양 와당(중국 허난성박물관 소장)

형된 문양들이 등장했다. 문양이 변화되는 과정에서 조금씩 양식에는 차이가 생겼지만, 그 속에 담긴 인문학적·예술사적 의미의 본질은 달라지지 않았다.

고대 와당은 특정 지배층의 소유물이었다. 그곳에 적힌 내용은 오늘날 우리에게 중요한 관찰의 대상이 되고 있다. 당시 사람들이 무엇을 바라고 원했는지를 생각해보면, 비록 음성언어나 문자로 남겨지지 않았더라도 문양만으로도 충분히 그 의미를 읽어낼 수 있다. 문양은 글자가 만들어지기 이전, 그 역할을 대신하고 있었다. 나는 2000년도부터 중국 고대 와당을 연구해왔고, 어느덧 20년이 넘는 시간을 와당과 함께하고 있다. 와당을 마주할 때면, 그것을 만들고 사용했던 사람들의 모습과 소리가 느껴진다. 와당에 담긴 문양과 내용은 당시의 생각과 소망들을 그대로 전해준다. 그러한 기록을 읽어내고 해석해가는 과정은 언제나 신비롭고, 또 설렌다.

와당 문양에 담긴 의미를 되새겨보고, 그 내용을 통해 현대의 문양을 이해하는 것이야말로 진정한 전통의 계승이자 올바른 이해라 할 수 있을 것이다. 우리는 새해가 되면 서로에게 덕담을 전하고 한

창덕궁 수강재 구름 문양

베이징 이화원 구름 문양

사찰 근처에서 흔히 볼 수 있는 구름 문양 다리

해의 소원을 빈다. 주로 건강, 성공, 소원성취, 학업성취 등을 기원하는 인사말을 나누며, 불교와 기독교를 비롯한 종교의례에서도 같은 내용을 담아 기도한다. 이러한 의식은 이미 오랜 옛날부터 행해져 왔지만, 왜 이런 행위가 자연스러운 문화로 자리잡았는지에 대해 묻는 경우는 드물다. 고대의 문양 역시 건강, 장수, 부귀영화와 같은 소망을 문양으로 표현한 문화적 습관으로 정착되었으며, 그것이 생활 속에 깊이 녹아 있었다. 그리고 그러한 표현 방식은 지금까지도 글과 그림, 다양한 상징적 문양을 통해 이어지고 있다. 이는 단순한 우연이 아니라 과거로부터 전승되어온 문화적 유산이다.

그래서 우리는 고전을 배우고 사랑해야 한다. 과거는 단지 지나간 시간이 아니라, 미래를 향한 해답을 품고 있는 귀중한 자산이기 때문이다. 고대 문양이 전하고자 했던 의미를 충분히 이해하고 나면, 그동안 보이지 않았던 또 다른 세계와 가치들이 새롭게 보이기 시작할 것이다.

중국 산시성에 자리한 화산華山은 중국 도교의 성지이며, 오악五岳 가운데 가장 높은 산으로 해발 2437미터의 험준한 바위산이다. 화산에 오르는 자만이 천하의 왕이 되었다고 전해질 만큼 중국인들에게는 평생에 한 번은 꼭 오르고 싶어하는 특별한 산이라고 한다. 이곳에서는 글자를 새겨 가족의 평안을 기원하며 걸어둔 자물쇠를 쉽게 찾아볼 수 있다. 남산 서울타워나 파리의 센강 다리에서도 '사랑의 자물쇠'를 걸어두는 모습을 볼 수 있는데, 연인들이 서로의 사랑을 맹세하고 영원히 함께하겠다는 약속의 의미로 자물쇠를 채운

중국 화산(華山), 가족의 평안을 걸어놓은 자물쇠. '등산화산 전가평안(登山華山 全家平安)'이라고 적혀 있다.

다. 대부분 이름과 날짜, 짧은 글귀를 적어 서로의 마음을 맹세한 것들이다.

높은 산에 오르거나 특별한 장소에 방문했을 때, 그곳에 글을 남기거나 소망을 적어두는 것도 이와 다르지 않다. 모두 간절한 바람과 소망을 담아 기원하는 인간의 본능적 행위라 할 수 있다. 종교를 막론하고 오래전부터 인류에게 가장 큰 관심사는 사랑과 평안, 건강에 대한 소망이었으며, 이를 위해 남긴 기원과 표식들은 지금도 형태를 달리하며 이어지고 있다. 결국 우리가 어디서 무엇을 남기든, 그 모든 행위는 길상을 바라는 마음에서 비롯된 것이라 할 수 있다.

요즘은 길상의 구름 문양과 다른 문양을 조합하여 사용하는 경우가 많다. 때로는 변형되어 등장하기도 하지만 구름 문양이 길상적 의미를 전하고 있음을 우리는 이제 알게 되었다. 전주 한옥마을 담벼락의 구름 문양과 2000여 년 전에 만들어진 한대 와당 문양이 무엇이 다를까? 이 문양이 2000여 년 전에도 만들어 사용한 것이라고 누가 생각할까. 전주 한옥마을에는 우리의 전통을 쉽게 볼 수 있어 관광지로 또 체험학습의 장소로 많이 방문하는 곳이다. 이곳에서는 전통 문양이라 하는 구름 문양을 볼 수 있는데, 단순히 '전통 마을이니까'라고만 생각한다. 전통에는 전통이 가지고 있는 힘이 있다. 우리는 그것의 진정한 의미를 알아야 하고, 훗날로 이어지게 할 수 있어야 한다. 고대 문양에 대한 이해와 학습을 하고 나면, 다시 한옥마을을 찾거나 전통 문양을 마주할 때 그 모습이 더욱 반갑게 느껴지고, 둘러보는 재미 또한 깊어질 것이다.

고대 와당의 기본적인 형태는 15~17센티미터의 원형에 문양을 배치하는 것이다. 원형은 중앙을 중심으로 상하좌우의 사분 구획으로 나누고 중앙을 중심으로 만들게 된다. 이것이 기본적인 와당의 형태다. 물론 처음부터 구획을 나눈 것은 아니었다. 진시황이 중국을 통일한 이후부터는 본격적으로 이와 같은 구획을 나누기 시작했다.

와당 면을 구획하여 내용을 배치한 형식은 오늘날 현대 문양 디자인에서도 전통 문양으로 어김없이 등장한다. 운문과 연화문은 전통 문양을 대표하고 있으며, 수壽와 복福은 전통 문자라는 형식을 갖추고 다양하게 등장하고 있다. 이러한 문양을 응용한 디자인

중국 고대 와당(중국 시안 진전한와박물관 소장)

은 전통 문화상품을 연출할 때 자주 등장한다. 우리에게 모두 익숙한 문자와 문양들이다. 그러나 문양이 지니는 의미를 상징하는 것이 아니라 고대 전통의 이미지를 모티브했던 디자인으로 보고 있다. 지금은 그렇게 보는 것이 옳을지도 모른다. 문자의 경우도 마찬가지다. 원형의 공간에 문자를 배치할 때 와당 형식에서 모티브했다는 것을 알 수 있다.

구름 문양 담벼락(전주 한옥마을)

구름 문양 포장지

구름 문양 포장지

구름 문양 한지(국립민속박물관 소장)

현대의 디자인

5. 왕을 지키는 수호신, 사신문

와당의 종류는 문자와 문양으로 나뉜다. 문양은 식물과 그림 형식을 취한 도안문圖案文 그리고 동물을 형상화한 도상문圖像文으로 나뉜다. 연화 문양과 구름 문양은 도안문에 속하며, 네 마리 동물을 묘사한 사신문四神文은 동물의 움직임을 표현한 것으로 도상문에 해당한다. 문자는 주로 길상적 내용을 담거나 궁명과 관직명 그리고 약간의 역사적 사건을 담은 문구가 등장한다. 이처럼 와당 면에 새겨진 문자와 문양은 당시의 종교적·사회적·역사적 의미를 간접적으로 전하는 귀중한 자료라 할 수 있다.

사신문은 청룡, 백호, 주작, 현무의 네 마리 신령스러운 동물을 묘사한 것으로, 동서남북의 방위를 상징한다. 청룡은 용, 백호는 호랑이, 주작은 공작, 현무는 거북과 뱀이 결합된 형태다. 사용되는 장소나 시대에 따라 문양의 세부 표현에는 약간씩 차이가 있다. 고대국가에서 이 네 마리 동물을 신격화한 것은 천상天象과 음양오행설陰陽五行說에 기반한 것으로, 정확히 언제부터 사용되었는지는 구체적으로 전해지지 않고 있다. 다만 사신四神에 대한 개념을 언급한 문헌으로는 《회남자淮南子》〈천문훈天文訓〉의 오성五星에서 그 기록을 찾을 수 있다. 기물에 묘사된 사신문은 적어도 진한秦漢 시기에는 이미 등장하고 있었다. 고대국가에서는 오행설과 연관 지어 사신을 특정 기물과 공간에 배치하게 된다. 특히 천문, 방위, 색채와 결부되어 무덤의 피장자를 수호하는 역할로 활용되었다.

고대 와당에는 문자보다 문양이 훨씬 이른 시기에 등장한다. 식물 문양을 비롯하여 구름 문양, 동물 문양, 새 문양 등이 등장한다. 움직이는 형상을 묘사한 도상문은 당시 현실 생활에서 자주 보이던 동물에 대한 사실적인 표현이었으며, 동물이나 새의 모습들이 주로 등장하고 있다. 그러나 문양은 사상과 의식의 반영이다 보니 다소 현실감과는 거리가 있게 등장하여, 현실 세계와 다른 상상 속에 존재하는 동물들이 등장한다.

문양의 예술성이 극대화되고, 그 상징적 의미가 확대되면서 상서로운 동물을 묘사하는 수법이 사용되었다. 이는 길상과 상서로움을 중시하던 당시의 문화적 분위기를 반영한 것으로, 도상문은 문양의 선과 와당의 면이 조화를 이루면서도 사실적이고 생활과 친숙한 형태를 담아내려는 노력이 엿보인다. 특히, 현실 속 동물 형상에 상상적 요소를 결합하여 길상적 의미를 더욱 강조하는 방식으로 표현했으며, 이를 통해 문양은 단순한 장식을 넘어 신앙적·상징적 의미를 지니며 발전했다.

중국 춘추전국 시기는 왕의 권력이 약화되는 과정을 겪으며 제후국의 문자와 문화 그리고 사상을 담아 또 다른 정치를 펼치게 되는 혼란의 시대였다. 전국 시기에 등장한 도상문을 보면 전국 시기의 혼란스러웠던 환경을 잘 나타내주고 있다.

진나라의 동물 문양과 연나라의 도철문饕餮文은 전국 시기의 대표적인 도상 문양이다. 서한 시기에 이르러서는 아주 사실적이고 리듬감이 강한 문양으로 자리를 잡게 된다. 도상문에 관한 종류는

《섬서금석지陝西金石志》에 의하면 물고기[鱗](비늘이 있는 물고기), 봉황[鳳], 토끼[兔], 쌍물고기[雙魚], 개구리[青蛙], 기러기[飛鴻] 등 60여 종에 이른다고 전해진다.

사신문은 문양의 사실적 표현 방법을 통해 당시의 문화사를 투영시켜 반영한 문양으로 한대 중후기에 급속하게 유행하게 된다. 현재 우리가 알고 있는 사신문은 한대 시기에 정착한 것이라고 보아도 무리가 없다. 한대 도상문 와당은 '청룡', '백호', '주작', '현무'의 사방신으로 무덤의 피장자를 수호하면서 등장한다. 현재 우리가 그림으로 그리는 사신 문양의 기원이 한대 와당이라고 할 만큼 한대 사신문 와당의 문양에서 매우 정교하게 묘사되어 있다. 사신의 기세는 활발하고 힘을 내뿜는 강력한 능력을 지니고 있어, 사신 숭배의 중요성이 대두되면서 사방에 각각의 신령이 있다고 믿었기 때문이다.

한대 사신 와당은 다른 와당에 비해 약간 더 크게 제작했다. 구름 문양 와당과 문자 와당의 직경은 보통 15~17센티미터이며, 사신 와당은 19~21센티미터다. 사신은 네 마리의 영험한 동물로 천상과 음양오행에 의하여 동서남북 사방을 방위하는 수호신이다. 사신은 회화성이 짙어 주로 무덤의 벽화에 자주 등장하고 있다. 색으로 표현하면 남색[藍. 青], 붉은색[紅. 朱], 백색[白], 검은색[黑. 玄]을 상징하기도 한다.[18]

사신을 문양으로 사용한 시기가 언제부터였는지에 대하여 정확한 설은 없다. 그러나 문헌을 통해 알 수 있는 것은 이미 전국 시대에는 등장했으며, 한대 시기에 크게 유행하면서 정착했던 것으로 보인다. 동서남북 사방신에 해당하므로 사신 와당은 한대 시기의 와당과 관(관곽棺槨, 죽은 사람을 땅속에 묻을 때 넣은 널)에서 사용되었으며, 당대唐代에는 궁문의 명칭이나 능문의 명칭으로도 사용되었다.

《회남자淮南子》〈천문훈天文訓〉의 오성五星에 의하면 '동방은 나무[木]로 창룡蒼龍이며, 남방은 불[火]로 주조朱鳥이며, 중앙은 흙[土]으로 황룡黃龍이며, 서방은 금金으로 백호白虎이며, 북방은 물[水]로 현무玄武다'라고 기록되어 있다. 《이아爾雅》에는 "사방에는 모두 칠숙七宿이 있는데 모두 일정한 형태를 이루고 있고, 동방은 용의 형상을, 서방은 호랑이의 형상을, 남방은 새의 형상을, 북방은 거북의 형상을 띠고 있다"라고 전해진다. 《예기禮記》〈곡례편曲禮篇〉에는 "앞쪽에는 주조朱鳥와 뒤쪽에는 현무 그리고 왼쪽에는 청룡, 오른쪽에는 백호"라 하여 모두 방위의 신을 나타내는 것으로 묘사하고 있다. 이러한 자료를 통해 알 수 있는 것은 사신은 완전히 음양오행에 입각하여 설명하면서 천문과 방위 그리고 색채를 중심으로 이루어져 있으니, 모두 사신과 밀접한 연관성이 있다는 점을 알 수 있는 부분이다.

입신양명과 부귀: 청룡

'청룡靑龍'은 자연계에서 비와 바람을 주관하고 있으며, 비와 바람을 불러내는 능력을 가지고 있다. 방위로는 동쪽이고 좌측에 해당하며 봄을 상징한다. 봄이 되면 하늘로 승천하는 기운이 있고 가을이 되면 다시 물속으로 침잠하는 특성을 가지기 때문에 사신에서 가

청룡 와당(중국 산시성역사박물관 소장, 《秦漢》619)

장 첫 번째에 등장한다. 색으로는 청색을 상징한다. 청룡은 전설 속의 신기한 동물을 상징하므로 입신양명과 부귀를 의미하기도 한다. 그래서 고대 왕의 권력을 보여주는 청동기와 옥기 그리고 진한 시기

청룡 와당(중국 시안 진전한와박물관 소장)

청룡 암막새와 수막새(중국 산시박물관 소장)

의 화상석畵像石(무덤의 벽과 돌기둥에 그림을 그려 넣은 것), 전돌[塼](흙으로 구워 만든 벽돌), 백서[帛畫](비단에 쓴 글자나 그림), 벽화 등에서 용의 형상이 자주 등장하게 된다.

중국 위魏나라(220~265) 시기 장읍張揖이 저술한 《광아廣雅》의 〈익조翼條〉에 의하면 청룡은 "아홉 가지 종류의 다른 짐승들을 혼합한 것인데, 머리는 낙타와 같고, 뿔은 사슴과 같고, 눈은 토끼와 같고, 귀는 소와 같고, 목덜미는 뱀과 같고, 배는 큰 조개와 같고, 비늘은 잉어와 같고, 발톱은 매와 같으며, 주먹은 호랑이와 비슷하다. 그중에는 양수陽數인 81개의 비늘이 있고, 그 소리는 구리로 만든 쟁반을 울리는 것과 같고, 입 주위에는 긴 수염이 있고, 턱 밑에는 명주明珠가 있고, 목 아래에는 거꾸로 박힌 비늘이 있으며, 머리 위에는 박산博山이 있다"라고 한다.

안동 하회마을 문에 있는 좌측의 용(龍)과 우측의 호랑이[虎]

　청룡은 아홉 가지 동물의 모습에서 상상된 것이며, 용이 지닌 능력은 왕의 절대 권력을 나타내는 상서로우며 신령스러운 존재로 여겨왔다. 고대국가에서는 모두 용을 모티브로 하여 중시했으며, 용과 관련된 많은 설화가 있는 것도 용이 지닌 능력 때문이었다. 시대

백호 와당(중국 산시성역사　　　　백호 와당(중국 시안 진전한와박물관 소장)
박물관 소장)

별·기물별로 약간씩 차이가 있으나 기본적인 모습은 일치한다.

고대 문양 와당 중 청룡 와당은 모두 한대 시기의 수도였던 장안성(지금의 산시성 시안)에서 출토되었다.

잡귀를 물리치다: 백호

'백호'는 28개의 별자리가 모두 만들어진 이후에 나타난 것으로 서쪽의 일곱 개의 별자리인 규奎, 누婁, 위胃, 묘昴, 필畢, 자觜, 삼參이 모여 있는데 그 형상은 호랑이와 흡사하다. 방위는 서쪽 혹은 우측을 의미하고 계절로는 가을을 상징한다. 호랑이는 모성과 음기가 강해 사악한 잡귀를 물리치는 수호신의 개념이 강하다. 그래서 주로

진한 와당 호랑이 문양[虎文](경사창 출토, 《秦漢》612)

4장. 문양을 그리다 175

무덤에서는 피장자를 수호하는 신이며, 색으로는 백색을 상징한다. 예로부터 민간에서는 이러한 호랑이의 특성을 살려 악귀를 쫓아내는 용맹의 상징으로 활용했으며, 무관 관복의 흉배에 수를 놓기도 했다. 벽사용으로도 사용되었는데 지금도 정월 초하루가 되면 호랑이 그림을 대문에 붙이는 풍습을 행하기도 한다.[19]

백호 와당은 와당 중앙에 와주瓦柱(와당 중앙의 기둥)가 있는데, 맹수처럼 뛰고 있는 형태를 사실적으로 묘사하고 있다. 와주가 없는 경우 등에는 새의 날개를 꽂고 있으며, 눈은 부리부리하게 뜨고 있고 혀는 말고 있다. 백호 와당도 청룡 와당과 마찬가지로 한대 장안성에서 출토되었으며, 장양궁에서도 출토되었다.

봉황이 나타나면 천하가 태평해진다: 주작

사마천의 《사기史記·천관서天官書》에 의하면 남궁南宮에 주조朱鳥라는 내용이 있다. 문양으로 묘사할 때 붉은 봉황의 형상을 하고 있다. 그래서 주작은 남방을 수호하는 신으로 붉은색을 상징한다. 또한 주작은 오색과 오음을 갖춤으로써 오행을 상징하고 태양의 사자인 봉鳳(봉황의 수컷)과 태양 속의 신조인 황凰(봉황의 암컷)이 합쳐진 것이 우리가 익히 알고 있는 봉황이다. 봉황을 묘사하면서 고분벽화나 무덤에서는 장생불사長生不死를 상징하면서 관의 앞쪽인 남쪽에 배치하고 있다. 머리와 꼬리에는 긴 털이 사실적으로 묘사되고 있다. '주작'은 '봉鳳'으로, 《설문해자說文解字. 조부鳥部》에는 다음과 같은 기록이 있다.

봉鳳은 신령한 새로 바람과 같은데, 앞에는 기러기, 뒤에는 사슴의 형상으로 이루어져 있다. 뱀의 목덜미와 물고기의 꼬리를 지니고 있다. 몸은 용의 몸이며 등은 거북 모양이며 제비 주둥이에 닭의 부리를 가졌으며, 오색을 띠고 있다. 동방의 나라에서 나타났으며 사해(四海, 온 바다 혹은 온 천하)를 날아다니며 곤륜(崑崙, 중국 북서쪽에 위치한 곤륜산으로 신성의 땅이라고 알려져 있으며 불사不死의 물이 흐르고 서왕모西王母가 살고 있다고 전해지는 산)을 넘어 지주(砥柱, 황하강 중류에 있는 기둥 모양의 돌)를 먹는다고 한다. 약수(弱水, 중국 고대 신선이 살고 있는 마을에 부력이 약해 새의 깃털도 가라앉게 한다는 강으로 속세와 멀리 떨어져 선경仙境에 위치한 강)에서 몸을 씻고, 바람을 잠재우는 능력이 있는데 바람이 잠잠해지면 천하가 태평해진다.

위의 글에서 알 수 있는 것은, 봉황이 나타나면 태평성대가 온다는 것이다. 그래서 새로운 왕이 즉위하면 봉황이 등장한다고 했으니, 원래 고대국가에서 봉황은 용보다 더 높거나 동등한 위치였다.

봉은 다섯 가지 빛깔을 가진 오채五彩의 화려하고 신령스럽고 희귀한 새이며, 봉이 나타나면 바람을 잠재우는데, 바람이 잠잠해지면 천하가 태평하다는 것이다. 천하가 태평하다는 것은 결국 인류의 삶과도 직결되는 부분이다. 봉이 바람과 연관된다는 점에서 천하가 평안하다는 것에 많은 시사점이 있음을 알 수 있다. 봉에 관한 정확한 의미를 이해하고 봉 문양을 본다면 우리나라 청와대 문장은 정말 완벽한 문양이다. 청와대 문장은 봉황 문양으로 나라의 태평성대를 바라는 통치자의 소망을 그대로 반영된 것이다.

《설문해자》의 내용을 보면 봉과 '천하가 평안하다'라는 말로 주작은 길상의 신조神鳥다. 또 봉황은 어질고 영험하며, 그 크기가 수천 리에 달하고 구만 리를 뛸 수 있는 대붕새가 봉황이라고 묘사하고 있다. 생김새를 보면 머리는 닭, 목은 뱀, 턱은 제비, 등은 거북, 꼬리는 물고기이며 크기가 6척이라고 설명한다. 주작은 용, 호랑이, 뱀, 제비, 닭 등의 야수野獸와 비수의 혼합체라고 설명하고 있다.[20]

'봉鳳'과 '풍風'은 발음의 유사성이 있다. 고대 음운에서 발음이 유사한 경우 서로 빌려서 사용했는데, 이것을 통가차라고 한다. 통가차란 고대 상고음에서 발음의 연관성이 있을 경우, 필요에 따라 글자를 빌려주면서 사용하는 방법이다. '봉鳳'은 상고음에서 병모並母의 동부冬部에 해당하며, '풍風'은 상고음에서 방모幇母의 동부冬部로 모두 동부冬部에 속하는 통가음을 이루고 있다.[21] 지금의 우리말로 읽어봐도 '봉'과 '풍'은 유사하게 읽힌다. '봉조鳳鳥'는 '풍조風鳥'로 해석할 수 있으며 실질적으로는 바람에 대한 자연적인 숭배 성향이 매우 짙은 길상을 나타내고 있다. 따라서 길조에 해당되며 방위로는 남쪽 혹은 아래 방향이고 여름을 상징한다. 와당 문양에서 등장하는 주작은 대부분 한대 장안성에서 출토되었으며, 장양궁에서도 한 점이 출토되었다.

《한시외전漢詩外傳》에는 태평성대가 되면 반드시 나타나는 새가 있는데 그 새가 봉황이라고 전해진다. 봉황이 나타나면 태평성대를 이루었기 때문이다. 그래서 황제가 즉위하면 천하가 태평하다

주작 와당(중국 시안 진전한와박물관 소장)

주작 와당(중국 산시성역사박물관 소장, 《秦漢》 630)

고 믿었고 봉황이 나타났다고 믿었던 것이다. 중국 신석기 앙소문화 유적지에는 용과 봉황 문양이 동시에 등장하고 있다. 용과 봉황은 그 상징성에 있어서 부족한 것은 상호 보완해주고, 대응되는 관계다. 용이 물을 좋아한다면 봉황은 불을 좋아한다. 용봉 문양은 한대 와당이나 무덤의 석문과 묘지 주위를 장식한 돌에서 찾아

창덕궁 봉황 문양 와당

볼 수 있다.

　봉황은 장수를 상징하기도 한다. 중국 위나라 때 지괴소설《박물지博物志》에는 헌원국軒轅國 사람들이 있는데 못 살아도 800살을 살았으며, 이들은 봉황의 알을 먹고 생활한다고 전하기도 했다.[22] 봉황이 장수를 의미해서일까. 이 문양은 우리나라에서도 매우 특별한 의미를 지니고 있다. 창덕궁에 사용된 와당의 문양은 대부분 봉황 문양으로 배치하고 있다.

　창덕궁 와당 문양은 봉황 문양을 비롯하여 구름 문양과 기쁠 희喜 자와 장수 수壽 자의 문자 와당이 배치되어 있다. 우리나라 전통 건축물 가운데 궁궐에 사용된 와당 문양은 대부분이 봉황 문양 와당이다. 창덕궁 선정전에도 청색 기와와 함께 봉황 문양이 시문되

창덕궁 '수(壽)' 자 문자 와당

창덕궁 낙선재 '희(喜)' 자 문자 와당

창덕궁 수강재 구름 문양 와당

어 있다. 봉황은 장수와 길상의 의미로 왕실의 권력과 위엄을 나타내주고 있다.

창덕궁은 우리나라 궁궐 건축물 가운데 유일하게 청기와를 사용한 곳이다. 선정전은 창덕궁의 편전 중 하나로 조선시대 임금의 집무실로 사용되던 곳이다. 선정전의 원래 명칭은 조계청으로, 1461년 세조 7년에 선정전으로 명칭을 바꾼다. '선정宣政'이란 '정치는 베풀어야 한다'라는 의미로 선정전의 기와는 현재 우리나라에서 현존하는 유일한 청색 기와로 되어 있다. 기와는 흙을 이용하여 1000도 이상의 고온에서 구워내는데, 가마에서 꺼낸 기와는 거의 흑회색이다.

그런데 선정전의 기와는 청색으로 제작되었는데, 당시 궁궐 건축

창덕궁 선정전 청색 기와의 봉황 문양

에 청색 기와를 사용했다는 점은 매우 특별한 의미를 지닌다. 일반적인 흑회색 기와와 달리, 청색 기와를 만들려면 청색 유약을 발라야 했는데, 이 유약은 대부분 중국을 통해 수입되었고, 그 원산지는 인도나 사우디아라비아였다.

청색 안료의 수입 자체도 어려웠겠지만, 기와를 제작하는 과정과 소요 시간 역시 상당히 까다롭고 비용적 측면에서도 고가로 진행되었다. 특히 청색 기와는 파손이나 보수, 유지에 있어서도 일반적인 흑회색 기와보다 훨씬 섬세한 관리가 요구되는 귀한 재료였다. 청색 기와가 까다롭고 비용이 많이 드는데도 흑회색 기와가 아닌 청색 기와를 사용했던 이유는 무엇이었을까. 아마도 건축물의 공간이 지니는 상징성에 있었다고 생각된다. 고대 건축에서 공간의 개념은 그 공간을 사용하는 이의 권위와 지위를 상징적으로 드러낸다. 선정전은 조선왕조 임금의 집무실로 사용된 공간으로, 왕의 위엄과 권력을 상징적으로 보여주는 건축물이다. 이는 궁궐 건축에서 공간적 위계와 특수성을 잘 보여주는 대표적인 사례라 할 수 있다.

청색 기와의 사용은 창덕궁에 등장하기 이전에 이미 사용된 곳이 있었다. 고려 후기에서 조선 전기의 절터인 양주 회암사지에서 청색 기와가 발굴되었다. 그 수량이 소량 발굴된 점으로 보아 당시 청색 기와는 정말 귀하고 고급스러운 재료였을 것으로 보인다. 청색의 기와를 지붕 전체에 사용되었다기보다 아마도 군데군데 장식용으로 일부에만 사용되었을 것으로 추측된다. 매우 귀중한 기와였던 것이다.

청색 기와(양주시립회암사지박물관 소장)

봉황에 관한 해석은 고문헌뿐 아니라 여러 기물의 문양에서도 알 수 있다. 나라의 평안을 의미하고 상서로운 길상적 의미를 담아내고 있다. 봉황은 고대부터 길상과 태평성대의 상징으로 궁궐의 장식과 사찰에서도 그려 넣었는데 모두 같은 의미로 해석된다.

원래 봉황은 수컷과 암컷을 각각 의미한다. 그러나 시대가 변화하면서 봉황은 왕비를 상징한다고 알려져 있다. 우리나라와 중국에서도 황후가 머문 곳에서만 봉황 문양을 사용하고 있다. 한대에는 주작을 봉황으로 보았고, 봉황은 바람을 잠재우는 능력과 함께 봉황이 나타나면 천하가 평안해진다고 하여 새로운 왕조를 의미하기도 했다. 이처럼 고대에서 봉황의 위치는 용의 위치보다 높았을 것으로 보인다. 용 문양이 봉황보다 지위가 높아지게 된 것은 명·청 시기를 지나면서다.

청와대의 기와가 청색 기와로 사용한 것도 선정전의 이 같은 특별한 이유를 그대로 옮겨 놓은 것으로 생각된다. 청와대 문장을 봉황 문양으로 사용한 것과 청기와를 사용한 것을 보면 우리나라의

청와대 청색 기와와 봉황 문양

전통이 현재에도 그대로 이어지고 있는 것을 알 수 있다. 중국과 일본 관광객이 우리나라 청와대를 보면 청색 기와에 대하여 질문한다. 동아시아 국가에서 건축물에 기와 사용이 많았지만, 그들 나라에는 청색 기와를 거의 보기 힘들기 때문이다. 우리나라 궁궐 건축에서도 창덕궁을 제외하면 청색 기와가 거의 보이지 않는다.

봉황 문양은 청와대를 상징하기도 한다. 고대국가에서 봉황이 나타나면 천하를 태평성대로 보았던 것처럼 우리나라 대통령의 집무실이 청색 기와로 된 것, 또 봉황 문양을 사용한 것, 모두 국가의 태평성대를 기원하는 상징성에서 비롯된 것으로 청와대는 우리의 전통문화가 담긴 곳이라고 할 수 있다.

죽은 이를 지켜주는 북방의 수호신: 현무

'현무'는 북방을 수호하는 신으로 태음太陰의 신에 해당하며, 방위는 북방 혹은 위쪽이며 겨울을 상징한다. 또한 물을 상징하며 검은색을 의미한다. 현무는 거북과 뱀의 조합으로 이루어진 형상을 취하고 있다. 현무는 죽은 이를 지켜주는 북방의 수호신이다. 그렇기에 다음 생애서도 그 능력을 발휘할 수 있도록 도와주는 호법 역할을 한다고 믿고 있다.

《예기禮記》에 의하면 '현무는 거북이다'라고 명확히 하고 있다. 3500년 전에 등장한 한자의 기원인 상대 갑골문에는 거북의 등껍질에 길흉을 점친 문자가 있었는데, 이를 '갑골문'이라고 한다. 상나라에는 전쟁뿐 아니라 농업과 사냥 그리고 병고 등 국가의 대소사를 점을 치면서 지혜를 모으고 미래에 대한 예측을 알 수 있었다. 갑골문의 크기는 보통 손바닥 정도이거나 이보다 작은 것도 많이 있다. 손바닥 정도의 거북 등껍질을 얻으려면 오래 산 거북이어야만 가능했다. 거북 등껍질에 마른 풀을 올려 놓고 불을 붙이면서 점을 치는 행위를 한다. 질문을 하고 답하는 과정에서 거북의 등껍

현무 와당(중국 산시성역사박물관 소장)

현무 와당(중국 시안 진전한와박물관 소장)

질은 불로 인해 갈라지는 현상이 나타난다. 등껍질이 갈라지는 소리를 들으며 거북이 길흉을 답한다고 믿었다. 거북의 영험을 믿었던 것이다. 거북의 등껍질에 길흉으로 답을 얻어냄으로써 상나라의 번영과 지속에 대한 믿음이 있었다.

현무는 일반적으로 영험한 거북으로 보고 있다. 특히 북위 시대 묘지에는 거북의 몸에 뱀을 휘감고 마주 보고 있는 형태가 등장한다. 한대에 등장하는 현무 와당은 두 종류의 형태인데, 첫째는 거북의 측면을 나타내고 있으며, 뱀이 거북의 몸을 에워싸고 있다. 뱀에는 네 다리가 있는데, 와당 중앙에는 거북이 위치하고 있다. 둘째는 거북 문양이 정면을 향해 있다. 두 마리의 뱀이 몸을 감싸고 있는데, 뱀의 머리는 아래로 향해 있고 거북의 머리는 위를 향하고 있다. 현무 와당은 한대 장안성에서 여덟 점이 출토되었다.

사신 와당은 한대 후기에 집중적으로 사용되었고, 출토된 지역도 중국 역대 선조들의 신위를 모신 사당이었다. 왕망(후한 말의 정치가이자 신왕조 건립, 8~24)은 아홉 묘를 섬기는 왕망구묘王莽九廟를 만들었는데, 사신 와당은 한대 장안성 의릉義陵의 남쪽 부근인 종묘 유적에서 집중적으로 출토되었다.²³

한 나라의 왕은 살아있을 때는 신하가 보좌한다. 죽은 이후 왕을 지키고 보호하는 것은 사신이었다. 그래서 한대 사신 와당은 궁궐의 예제건축에 사용되었던 것이다. 자연계에서 볼 수 있는 동물과 상상을 더하여 사신의 신령스러움을 표현함으로써 무덤의 피장자를 지켰다. 죽은 왕을 지키기 위해 등장한 사신은 죽은 이를 천상의 세계로 안내하고, 동서남북 사방에서 네 마리의 영험한 신령들이 왕을 지키기 위해 수호했다.

5장

와당이 말하다

1. 와당의 소리를 듣다

고궁은 언제 찾아도 여유로우며, 화려함과 함께 위엄이 느껴진다. 줄지어 쏟아질 듯 이어진 기왓장과 단청의 아름다움, 웅장한 건축 규모 속에서 왕의 절대 권위를 엿볼 수 있다. 또한 강녕과 장수, 부귀와 즐거움을 기원하는 다양한 상징들도 궁궐 건축 곳곳에 담겨 있다. 궁의 담장과 와당에는 '만萬', '수壽', '강康', '녕寧'과 같은 건강과 장수를 기원하는 글자와 기쁨과 행복을 바라는 '희喜' 자도 볼 수 있다.

  인류는 오래전부터 자신들이 이루고 싶어하던 욕망을 품어왔다. 건강과 장수, 권력과 부귀, 만약 이 가운데 단 하나를 선택해야 한다면 우리는 아마 '건강'을 선택할 것이다. 건강해야만 다른 모든 것을 이룰 수 있고, 건강해야만 희망을 품을 수 있다는 사실을 모두 알고 있기 때문이다. 지금도 사람들은 서로 다른 환경 속에서 자신이 원하는 성공을 꿈꾸며 노력하고 경쟁하며 살아간다. 사실, 이러한 바람은 고대를 살아간 인류의 삶 속에서도 그대로 존재했다. 오늘날 우리가 바라는 삶과 고대 인류가 소망하던 삶은 본질적으로 다르지 않다.

한대 와당은 인류가 바람과 소망을 담아낼 수 있었던 가장 특별한 공간이었다. 400년이라는 긴 세월 동안, 사람들은 와당이라는 공간에서 자신들이 원하는 염원을 직접 적어 넣었다. 고대국가의 그 어떤 시대, 그 어떤 기물에서도 이처럼 오랜 시간 동안 같은 공간에 같은 주제를 반복해 담았던 예는 없었다.

와당 면에 글자를 넣으면서 장수를 꿈꾸었던 사람들. 왕이 머무는 궁궐 건축의 와당에는 모조리 장수와 부귀에 대한 내용들로 가득하다. 와당은 오로지 왕과 연관된 궁궐 건축과 왕릉에서만 사용되었던 것으로, 다른 건축에서는 절대 사용할 수 없었다. 문양의 상징성은 직접적인 내용을 전달하지는 못한다. 그래서였을까. 직접적인 내용을 전달하고자 와당에는 문자가 등장하기 시작한다.

문자는 음성언어를 기록하고 전달하는 기능을 가진다. 나아가 인류의 사유 세계를 표현하는 중요한 도구이기도 하다. 문자 와당의 명문(와당 면에 새겨진 글자)은 당시의 세계관을 그대로 반영하고 있으며, 당시의 문화를 이해하는 데도 중요한 자료가 되고 있다. 직

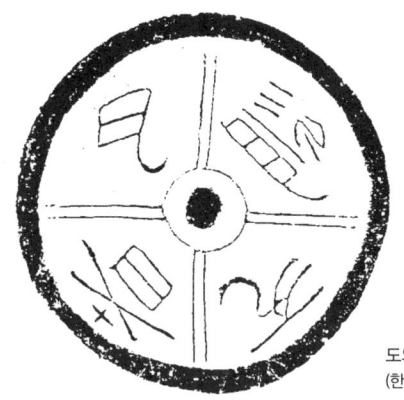

도와자사, '와당을 훔쳐 가는 자는 사형에 처한다'
(한대 와당, 《秦漢》 937)

경 15~17센티미터 남짓한 와당 위에 문자를 넣은 까닭은 무엇이었을까? 또 그 작은 공간에 담고자 했던 그들의 바람과 메시지는 과연 어떤 것들이었을까?

와당은 절대 권력자의 전유물로, 지배계층만이 사용할 수 있는 특권적인 건축 재료였다. 누군가가 '와당을 훔쳐 간다면 바로 사형에 처한다'라는 도와자사盜瓦者死 문자 와당이 있는데, 이러한 문자 와당은 왕의 절대 권력과 위엄을 단적으로 보여주는 사례라 할 수 있다.

한대 왕실에서만 사용된 와당은 궁궐의 주인이었던 왕이 바라는 내용을 포함하고 있어 궁궐의 물질문화를 보여주고 있는 중요한 문화적 산물이기도 하다.[1] 한대 와당을 '궁궐의 물질문화'라고 말할 수 있는 이유는, 비록 와당의 출발이 실용적인 목적에 있었지만, 와당 면에 문양과 문자가 더해지면서 건축과 문화, 그리고 예술로 승화되었기 때문이다. 특히 와당은 궁궐 건축에서만 제한적으로 사용되었기에 더욱 그러하다. 따라서 와당은 단순히 목조건축의 단점을 보완하고 외형적 미관을 더하는 예술적 요소를 넘어, 그 시대의 문화를 전하는 메시지를 담은 중요한 핵심 역할을 수행했던 것이다.

문자 와당에는 그들이 전하고자 하는 내용이 정확하게 담겨 있다. 문자 와당이 등장한 시기에 대해서는 다소 이견이 있으나, 출토된 자료에 따르면 한대, 특히 한무제 시기에 이미 사용되었음이 확인되고 있다.[2]

와당은 사용된 장소가 궁궐 건축이라는 제한적인 부분인 것도 참으로 의미가 있다. 와당이 처음 등장한 주나라 시기부터 왕이 머무는 곳이거나 왕과 연관된 건축에서만 사용되었고, 이러한 상황은 한대까지 이어졌다. 위진남북조 시기 이후가 되어서야 사찰과 사대부 가옥에서도 널리 사용된다.

한 왕조가 등장한 기원전 206~기원후 220년까지 한대 와당은 약 400년간 유지되면서 문자 와당의 전성기가 되었다. 한 왕조가 멸망한 후 등장한 위진남북조 시기에는 문자 와당이 감쪽같이 사라진다. 이 시기에 문자 와당은 거의 등장하지 않는다. 문양 또한 불교의 전래로 인하여 연화문 와당이 등장했고, 한대 시기에 사용된 구름 문양은 점차 사라지게 된다. 한대 와당을 중국 고대 와당의 중요한 시기라고 하는 이유도 당시의 사유 세계를 읽을 수 있는 세계관이 문양 와당과 문자 와당에 등장했기 때문이다. 제한적으로 사용된 궁궐 건축의 와당에는 과연 어떤 내용이 담겨 있었을까?

한대 와당은 특정 계층에 제한을 두었기에 때문에 문자의 내용과 함께 글자의 수와 글자체도 매우 다양하게 등장한다. 그래서인지 문자 와당의 글자체는 국내외 많은 서예가가 좋아하는 서체 중 하나기도 하다.

한대의 절대 권력을 지닌 왕들은 누구보다 오래 살기를 바랐고, 장수를 기원하는 마음은 당연한 소망이었다. 문자 와당에 담긴 내용의 70퍼센트 이상은 왕과 왕비의 장수와 부귀를 기원하는 길상의 명문으로 가득하다. 나머지 30퍼센트는 한대 왕실에서 벌어진 사건을 기록하거나, 궁궐의 명칭, 무기를 보관하는 장소, 그리고 왕이 사냥하던 지역의 이름 등 궁명과 관청, 관직을 언급하는 내용으로 이루어져 있다. 물론 관직과 궁명에는 명칭만 간단히 언급된 경우도 있지만, 대부분은 장수와 부귀를 기원하는 내용을 함께 담고 있다.

그래서 한대 문자 와당의 내용은 대부분 오래 살고 싶어하는 장수의 염원이 가장 많이 등장하며, 2자 또는 4자로 이루어진 문구가 가장 많다. 와당의 직경은 작은 경우는 12센티미터지만 보통은 15~17센티미터 정도다. 이렇게 작은 공간에 문자를 넣었다. 문자 와당은 글자의 수에 따라 구획을 나눈다. 한 글자도 있지만 글자가 많은 경우는 10자 또는 12자도 있다. 글자 수가 많은 경우는 당연히 여러 구획으로 나누게 된다. 와당 면에는 글자만 있는 것이 아니고 문양과 함께 배치한 와당도 있다. 작은 원형 안에 글자를 안배

'궁(宮)' 자 와당 (중국 시안 진전한와박물관 소장)

하는 것은 결코 간단한 작업이 아니었다.

와당 면의 구획도 단선 혹은 쌍선으로 된 것도 있는데, 단순히 선으로만 처리하여 사용한 것도 있지만, 선을 문양화하여 구획으로 처리한 와당도 있다. 결과적으로 글자의 수가 많거나 문양과 함께 와당 면의 공간을 배치한다면 많은 노력이 들었음은 분명하다. 이렇게 완성된 와당은 장식적인 아름다움을 지니며, 문구의 내용에 따라 함께 등장하는 문양이 그 상징적 의미를 더욱 강조하기도 한다.

산시성 장안은 오늘날 중국의 시안으로, 이곳에서 전한前漢 시기의 문자 와당이 출토되었다. 청동기나 기물에 새겨진 글자를 명문銘文이라 하는데, 와당 문자 중에는 궁명을 알려주는 것도 있다. 원래 장락궁長樂宮은 진시황 때 지어진 흥락궁興樂宮을 보수한 궁궐이다. 장락궁의 문자 와당에는 '장락長樂'과 '궁宮'이라는 글자가 함께 적혀 있다. 궁명을 표기하지 않고 단지 '궁宮' 자만 적힌 와당도 발견된다. 이는 이곳이 '궁'임을 알리는 표시였다.

왕이 사는 곳임을 꼭 글자로 새겨야 했을까? 사실 와당은 건축물의 가장 윗부분에 장식되기 때문에 아래에서 보면 궁명이든 문양이든 거의 보이지 않는다. 보이지 않는 높은 곳에 굳이 궁명을 새긴 것은 와당이 전하는 힘과 권위의 무게를 보여주고 있다.

한 왕조의 일곱 번째 왕이었던 한무제가 즉위하면서 장락궁의 북쪽에는 명광궁明光宮과 상림원上林苑을 조성했다. 상림원은 한대 왕실의 정원으로 고대 중국에서 가장 오래된 정원 가운데 하나다. 이곳은 원래 진 왕조 시기(기원전 221~기원전 206)에 조성된 것으로 진시황이 이곳에 아방궁을 지었다는 이야기가 전해지지만, 아방궁은 완성되지 못하고 불에 타버리고 만다.

또 이곳에 큰 못을 만들었는데, 위수渭水에서 물을 끌어와 동서 200리, 남북 20리에 이르는 거대한 인공호수를 조성했다. 상림원은 왕실의 정원이자 왕가에서 사냥을 즐기던 장소였다. 그러나 서한 초기에는 이곳을 백성들에게 개방하여 농사짓는 것을 허락하기도 했다. 그러다 한무제는 기원전 138년에 이곳을 다시 왕실의 고유 동산으로 귀속시키면서 그 면적도 더 넓게 확장시킨다. 동남쪽으로는 지금의 산시성 시안시 부군의 의춘宜春까지 확장시켰고, 산시성 남전藍田의 서남쪽에 위치한 정호鼎湖와 곤오昆吾 그리고 어숙御宿까지 확장했다. 또 서남쪽에서 장양長楊, 오작五柞, 북쪽으로는 위수까지 확대해 오늘날 흥평시興平市 황산궁黃山宮에 이르는 지역에 12개 길을

내고, 각각 상림원의 문을 따로 설치했다. 상림원에는 이궁離宮(별장) 70여 채가 있었는데, 이곳에서 문자 와당이 대거 출토되었다.³ 이곳에서 출토된 '상림上林'이라는 문자 와당을 통해 이곳이 진 왕조 시기부터 조영되었던 왕실의 정원임을 확인할 수 있다.

중국에서 제작되는 역사물 가운데 한무제를 배경으로 하는 드라마를 보면 상림원이라는 대사가 자주 등장한다. 상림원에서 만남을 약속하는 대사도 있으며, 후궁들이 이곳에서 수목과 과일의 열매를 감상하는 장면도 등장한다. 문헌에 기록된 상림원이 바로 이곳이며, 이곳에서 출토된 와당을 통해 문헌 기록의 내용도 함께 확인할 수 있다. 상림원의 조경은 매우 이채로워, 특이한 꽃과 나무가 3000여 종 이상 심겨 있었으며, 다양한 과일을 재배했다. 이곳에서 재배된 과일을 황실 사람들은 관상용으로 즐기기도 했지만, 식용으로도 이용했다. 이뿐만 아니라 상림원에는 다양한 동물들을 사육하기도 했는데, 이는 천자가 오락과 수렵 활동을 하기 위한 목적이기도 했다.⁴ 상림원은 단순한 정원을 넘어, 왕실의 위엄과 권위를 상징하는 공간이자, 자연을 통제하고 지배하려는 왕실 권력의 의지가 반영된 장소였던 것이다.

한대 문자 와당에는 '상림농관上林農官'이라는 명문이 있는데, 상림원에서 농업을 담당했던 관직의 명칭임을 알 수 있다. 전문적으로 농업을 담당하던 관직이 있었다는 것으로 당시 상림원의 규모와 중요성을 짐작하게 한다. 이처럼 문자 와당에는 당시의 관직을 알 수 있는 명문이 등장하고 있어 관직명을 연구하는 데도 중요한 단

'상림(上林)' 문자 와당(중국 베이징 고도문명박물관 소장)

서를 제공해주고 있다.

한무제 시기 별장으로 사용되었다고 전해지는 성산궁成山宮의 위치는 지금의 우부봉右扶鳳 진창현陳倉縣으로 미현성眉縣城 서남쪽에 해당한다. 그러나 혹자는 성산궁은 진한 시기 황제의 제사를 진행했던 장소라고 추정하기도 한다.[5] '성산'이라는 명문 와당이 발견되었지만, 문헌 자료의 부족으로 그 위치는 정확히 알 수는 없으며, 출토 와당을 통해 당시 '성산궁'이 존재했던 것만 알 수 있다.

한대 문자 와당에는 문헌의 기록과 일치하는 문자 와당도 출토되었다. 한무제 시기 조성된 것으로 알려진 황산궁黃山宮은 산시성 황산궁 유적에서 출토되었는데, 산시성 흥평시興平市 위하渭河의 북쪽에 위치하고 있다.[6] 이곳에서는 '황산黃山'이라고 적힌 문자 와당이 여러 점 출토되었는데, 《한서·지리지》에 황산궁은 효혜孝惠 2년에 건조되었다[7]는 기록을 통해 이곳이 황산궁이었다는 것을 알 수

5장. 와당이 말하다 197

'성산(成山)' 문자 와당(중국 시안 진전한와박물관 소장)

있다. 또 양웅揚雄의 우렵부羽獵賦 서문에는 북으로는 황산을 감싸 안으며, 동으로는 위수까지 이른다고 전하고 있다.[8] 이러한 내용을 통해 와당 면에 시문된 문자의 내용이 얼마나 직접적으로 당시의 상황과 공간을 묘사하고 있었는지를 알 수 있다. 문헌의 기록과 실제 출토된 문자 와당 자료를 비교함으로써, 그 공간이 실질적으로 존재했는지 여부와 그 용도를 확인할 수 있게 되는 것이다. 문자 와당에 적힌 문구는 해당 건축물이 어떤 장소였으며, 어떤 기능을 담당했던 공간이었는지를 명확히 알려주는 귀중한 사료적 가치를 지니고 있다.

 문자가 새겨진 기물은 과거의 역사적 상황을 되짚을 수 있는 중요한 근거가 된다. 만약 와당에 문자 기록이 남아 있지 않았다면, 인문학자나 역사고고학자들이 심증에 의존해 성산궁의 존재를 추정하는 데 그쳤을 것이다. 그러나 와당 면에 새겨진 문자를 통해 성

'황산(黃山)' 문자 와당(중국 시안 진전한와박물관 소장)

산궁이 실질적으로 존재했다는 사실을 명확히 확인할 수 있었으며, 이는 문자 와당의 결정적인 역할을 하고 있음을 보여주고 있다. 한대 와당에 기록된 문자는 누가 그곳에 있었는지, 어떤 일이 벌어진 장소였는지, 한 왕조와 흉노가 어떻게 대립했는지, 그리고 사람들이 무엇을 바라고 염원했는지까지도 담아내고 있어, 당시의 삶과 권력 그리고 염원을 고스란히 전하는 귀중한 사료로 남아 있다.

중국은 1960년대 이후 국가 차원에서 산시성 일대를 집중적으로 발굴·조사했다. 산시성은 중국 역사상 오랜 기간 수많은 왕조가 탄생하고 도성을 조성했던 지역으로, 역사적 가치가 매우 높은 곳이다. 2005년 조사 당시에도 산시성 농촌 지역의 경작지 곳곳에서 기와 조각이 흩어져 있는 모습을 쉽게 찾아볼 수 있었다. 중국 정부는 산시성 일대의 발굴 작업이 지니는 역사적 중요성을 잘 알고 있었으며, 진 왕조를 비롯해 한대와 당대에 이르기까지 역대 왕조의 도성과 왕릉 그리고 제왕의 능묘를 중심으로 2000년대 초반까지도 끊임없이 발굴 작업을 이어왔다.

중국 영토에서는 오랜 역사 속에서 다양한 민족과 세력이 왕권을 두고 다투며 새로운 정권을 세워왔다. 중국의 역사서와 고고학 자료를 보면 '다시 짓는다'라는 의미의 '재건再建'이라는 용어를 자주 접할 수 있다. 재건이란 '부서진 것을 새로 짓는다'라는 의미로 해석할 수 있다. 새로운 왕조가 탄생하면 도읍을 정하고 궁궐과 주요 건축물을 새롭게 조성하지만, 기존 건축물을 모두 허물고 다시 짓기보다는 기존의 건물을 보수하거나 리모델링하는 형태로 권력을 이어갔다. 따라서 도읍을 옮기지 않는 한, 새 왕조는 기존 건축물을 그대로 사용하거나 일부 확장하여 새로운 정치를 펼쳤다. 같은 공간을 사용하되, 건물의 이름이나 용도를 바꾸어 사용한 경우도 많았다. 이러한 사실도 와당을 통해 확인할 수 있다. 와당의 문양이나 문자, 그리고 와당이 출토된 위치를 통해 중국에서 얼마나 많은 왕조 교체와 권력 변동이 있었는지를 가늠할 수 있다. 특히 같은 건물을 사용하며 명칭만 바꾸어 사용한 사례가 많아, 발굴된 와당의 형태만으로 진시황 시기의 것인지, 한 왕조 시기의 것인지 어느 시기에 제작되어 사용된 것인지를 정확히 판별하는 일은 결코 쉽지가 않다.

이 부분을 이해하기 위해서는 한자의 발생 과정을 함께 살펴보면 쉽게 이해할 수 있을 것이다. 나는 학생들에게 종종 "중국의 역사를 몇 년으로 보는가"라는 질문을 던지곤 한다. 중국 역사를 바라보는 방법에는 두 가지가 있는데, 하나는 문자로 기록된 역사이고, 다른 하나는 출토 유물에 의한 역사다. 문자로 기록된 역사는 상대商代 후기 갑골문의 등장으로부터 시작된다. 이는 인류가 문자로 자신의 행위를 기록하기 시작한 시점을 의미한다. 반면, 선사시대의 유물과 도구를 통해 인류의 삶을 추적하는 방법도 있다. 이 경우는 문자 기록 이전에도 사람들은 도구를 사용하고 문명을 이루며 살아왔음을 확인할 수 있다. 전자의 경우, 즉 문자로 기록된 중국 역사는 약 5000년 정도로 본다면, 후자의 경우는 출토 유물을 기준으로 하는 역사로 1만 2000년을 훌쩍 넘는 긴 세월을 거슬러 올라간다. 즉 문자가 없던 시대의 흔적까지 포함하면 중국 문명사의 범위는 훨씬 더 오래된 시점으로 확장된다.

여기서 문자는 우리식으로 표기한다면 '한자'다. 중국 영토는 다양한 민족들이 정권을 다투며 새로운 왕조를 만들었지만, 자신들에게 유리한 것은 그대로 두면서 민족의 문화와 특징을 새롭게 반영시켜 새 왕조를 세우는 방식을 택했다. 여기서 새로운 영토를 장악했던 민족들은 새로운 정치적·문화적·사상적 이론을 정립하는 것보다 당시 환경에서 이로운 점을 고민하면서 정치와 사상을 기반으로 새로운 왕조를 끌고 갔다. 한자가 이것을 뒷받침해주고 있다. 좋은 점은 유지하면서 발전시키되, 새로운 것들을 융화시키고 개정해 나가는 것이었다. 왕조의 민족성은 서로 달랐지만 3500년 전에 만들어진 한자는 시대를 거듭하면서 오히려 완벽하게 정착한다. 한자의 발전으로 이득을 보게 되는 사상과 철학의 발전과 보급은 지금의 중국을 하나로 모이게 할 수 있었던 근본적인 역할을 하게 된 것이다.

그래서 '재건'이라는 용어는 중국어에서 꽤 익숙한 용어다. 새로운 왕조가 들어서면 기존의 건물을 부수고 새롭게 짓는 것이 아니라, 기존의 건물을 보수하고 확장하여 사용했다. 진시황 시기에 만들어진 상림원이든지 장락궁도 한 왕조 시기에 여전히 사용하면서 명칭만 바꾸었다. 와당 문자에는 이와 같은 궁의 명칭을 그대로 적어 놓았다. 그래서 진대의 것인지 한대의 것인지 구분하는 일이 쉽지 않다.

바로 이러한 점이 와당을 연구하고 조사하는 데 있어 가장 큰 어려움이 된다. 하나의 건물에 수백 개의 와당이 사용되었기 때문이다. 건물의 규모가 클수록 사용된 와당의 수량도 많다. 산시성은 진한 시기의 도성이었기 때문에, 발굴 과정에서도 진한 시기에 조성된 건축군에서 대량의 와당이 출토되었다. 2005년 산시성 시안의 연구실을 방문했을 때, 수장고에는 당시 발굴된 와당들이 정리되지 못한 채 수북이 쌓여 있었고, 경작지에도 와당 파편이 그대로 노출되어 있는 모습을 쉽게 볼 수 있었다. 출토되는 와당의 수량이 워낙 방대하여, 기존에 발굴된 와당을 정리하기도 전에 또다시 새로운 와당이 끊임없이 출토되는 상황이었다. 이로 인해 중국 내에서도 와당 전문 인력 부족 문제가 지속적으로 제기되고 있었다.

문자 와당은 글자 수가 다양하게 등장하고 있다. 1자에서 12자에 이르기까지 명문의 내용도 다양하고 글자체도 다양하다. 1자 문자 와당은 대부분 '궁宮' 자 와당이 많이 등장하는데, 건물지가 '궁'이었기에 때문이다. 3자 문자 와당은 '○○궁宮'의 형식으로 등장하는 경우가 있는데, 궁명을 정확하게 알 수 있게 해준다.

문자 와당의 명문은 길상어가 대부분을 차지하고 있다. 3자 와당으로 '기쁨이 만 배가 되기를 바란다'라는 의미의 '유만희有萬憙' 와당은 《정진한程秦漢》, 《예술藝術》에서는 '유만희有萬憙'로 고석했으며,[9] 《섬와陝瓦》, 《도전圖典》, 《서북西北》에서는 '만유희萬有憙'로 고석했다.[10] 전서체로 적힌 이 문자 와당은 서한 후기의 것으로 보이지만, 종명안宗鳴安의 《한대문자고석여흔상漢代文字考釋與欣賞》에서는 서한 초기 와당으로 분류하기도 했다.[11] '만유희萬有憙' 문자 와당은 기쁨이 가득하기를 기원하는 의미를 담고 있다. 궁궐의 주인은 언제나 복과 기쁨이 충만하기를 바랐고, 그러한 염원을 지붕 위 와당에 새겨 올리고자 했던 것으로 보인다. 권력자와 그 공간에 머무는 이들의 안녕과 기쁨을 기원하는 의미였다고 할 수 있다.

'희憙' 자의 정확한 의미를 확인하기 위해, 최초의 한자 자전인 《설문해자》에서 그 내용을 찾아볼 수 있다. 《설문해자》에서는 '희憙'를 '설說'로 풀이했다. '희憙'는 마음[心]과 기쁠 희喜로 구성되며, 발음 또한 '희喜'로 읽는다. 다시 말해 '희憙'와 '희喜'가 같은 의미의 글자임을 의미한다. 또한 원래 '설說'은 '열悅'의 정자(번자체)로, '기뻐하다'라는 뜻을 가진다. 결국 '희憙'는 '희열喜悅'과 같은 기쁨의 감정을 뜻하는 글자라 할 수 있다. 이러한 의미를 바탕으로 볼 때, 문자 와당에 새겨진 '만유희萬有憙'는 '기쁨이 가득하기를' 바라는 길상적 염원이 담긴 표현이라 할 수 있다.

　오늘날 우리가 사용하는 한자는 대부분 본래의 뜻을 본의本義와는 다르게 쓰는 경우가 많다. 따라서 고문헌이나 출토 유물의 명문을 해석할 때에는 반드시 한자의 본래 의미를 이해하는 과정이 선행되어야 한다. 이러한 본의에 대한 체계적인 정리는 한대 시기의 경학자이자 문자학의 대가인 허신許慎에 의해 이루어졌는데, 허신은 《설문해자》에서 당시 공식적으로 사용되던 한자 9353자의 발음과 의미를 정리하고, 한자가 만들어지는 원리를 육서六書라는 여섯 가지 방식으로 체계화했다. 《설문해자》는 중국 최초의 한자 자전으로, 이후 문자 해석과 고문헌 연구의 기본이 되어 왔다. 예를 들어, 오늘날에도 자주 사용하는 '유유상종類類相從'이라는 말은 '끼리끼리 모인다'라는 의미로 쓰이지만, 허신의 《설문해자》에서 유사하거나 같은 자형끼리 부수로 묶이는 경우 유유상종이란 단어를 사용했다. 고대 명문 자료는 시대에 따라 의미가 변하거나 전용되는 경우가 많았다. 따라서 출토 유물이나 문헌을 해석할 때는 언어 환경과 문자학적 원리를 함께 고려해야만 정확한 해석이 가능하므로, 한자의 본래 의미와 글자의 원리를 체계적으로 정리한 허신의 《설문해자》는 한자학의 성서聖書라 불리며, 고대 문자 해석의 필수적인 자료로 활용되고 있다.

　허신은 한자 9353자를 의미가 유사한 것끼리 묶어 정리하면서 이를 바탕으로 총 540개의 부수部首 체계를 마련했다. 이 부수 체계가 바로 오늘날 한자 사전에서 사용하는 부수의 기원이 된 것이다. 이후 한 왕조가 멸망하고 위진남북조 시대를 맞으면서, 문자 체계에도 변화가 일어났다. 당시 남조南朝 양梁나라의 고야왕顧野王은 허신이 만든 540부수를 542부수로 수정하고, 《설문해자》가 아닌 《옥편玉篇》이라는 새로운 자전을 편찬한다. 오늘날 우리가 한자 사전을 '옥편'이라 부르는 이유가 바로 이때부터 시작된 것이다. 이후 《옥편》은 백제에 전해져 우리나라에도 한자 자전으로 유입·보급되었다. 우리나라뿐 아니라 중국과 일본의 서점을 가면 옥편이라는 한자 사전을 볼 수 있다. 한·중·일 세 나라의 한자 사전을 옥편이라 했던 이유가 바로 남조의 영향이었던 것이다. 만일 한대 허신이 완성한 《설문해자》가 우리나라에 전래되었다면 우리는 옥편이 아닌 《설문해자》라는 사전으로 한자를 공부했을 것이다. 또한 《설문해자》가 없었다면 한자의 본래의 뜻과 발음이 모두 소실되었을 것이고, 지금의 한자 체제도 알 수 없었을 것이다.

'유만희有萬憙(기쁨이 만 배가 되기를 바란다)'라는 내용은 13경[12] 중 하나인 《이아爾雅》에도 전해지고 있다. 《이아》는 중국에서 가장 오래된 훈고서로 세계 최초의 백과사전에 해당한다. 훈고란 '그 뜻을 설명하고 밝힌다'라는 의미로 주공周公(상세 연도 불명) 또는 공자(기원전 551~기원전 479)의 제자였던 자하子夏(기원전 507~기원전 420?)가 지었다고 전해진다. 또는 주나라(기원전 1046~기원전 256)에서 한나라까지의 여러 학자가 여러 가지 경서들의 본문 뜻을 풀이한 주석을 수록한 책이라고 설명하기도 한다. 《설문해자》와 마찬가지로 한자의 뜻풀이에 중요한 참고서다. 《이아》에는 '희禧'를 '복福'이라고 설명

'만유희(萬有憙)' 문자 와당(중국 시안 진전한와박물관 소장)

하고 있는데, '희憙' 자를 《설문해자》에서 다시 찾아보면 '희禧'는 '예길禮吉'로 제시하고 있다. '예길'은 '길하고 좋다'라는 의미로 결과적으로 '희憙', '희禧', '희熹'는 모두 같은 뜻의 글자로 희열, 기쁨을 담고 있는 길상적 의미임을 알 수 있다.

'만유희萬有憙' 문자 와당에는 전서체 외에도 구름 문양이 함께 시문되어 있다. 기쁨이 만 배이기를 바라는 길상적인 명문과 상서로운 구름 문양을 함께 지붕 위에 올려, 궁궐의 안녕과 번영을 기원하고자 한 의도로 해석된다. 한대 궁궐의 주인은 언제나 복과 기쁨이 가득하기를 염원했으며, 이러한 염원을 문자와 문양으로 표현해 건축물에 반영한 것이다. '유만희有萬憙' 와당과 관련된 자료를 문헌에서 찾아보면, 송나라 문인 육유陸游의 개동원로북지산각開東園路北至山脚에 다음과 같은 구절이 전해진다.

今朝有憙誰能識, 不用人扶亦自行

(오늘 아침 기쁨이 있으니, 누가 이를 알아볼 수 있을까? 남의 도움 없이도 스스로 나아간다.)

이는 '희憙'의 의미를 단순한 기쁨을 넘어 삶을 긍정하는 상서로운 감정으로 이해했음을 보여준다. 여기서 사용된 '희憙'는 근심[憂]의 반대 개념으로, 아름답고 좋은 상태, 그리고 기쁨을 의미하는데, 이는 오늘날의 '행복'이나 '희열'보다 더 포괄적인 감정의 개념이라 할 수 있다. 고대 중국에서 '복福'은 인류가 누릴 수 있는 '오복五福'의 대표적인 덕목으로 여겨졌으며, '복福'과 '희喜/憙'는 서로 같은 의미로, 상서로운 기쁨과 평온함을 의미하는 개념이었다. 따라서 문자 와당에 시문된 '만유희萬有憙'는 단순한 기쁨의 표현을 넘어, 왕실의 안녕과 번영 그리고 복을 기원하는 종합적인 길상문으로 이해할 수 있다.

고대국가에서 '복'의 개념은 인생에서 반드시 지켜내야 할 다섯 가지 원칙으로 정의하고 있다. 이것을 '오복'이라 한다. 이 오복의 개념은 중국 고전《서경書經·홍범편洪範篇》에서 유래한 것으로, 오복이란 장수[壽], 부귀[富], 건강[康寧], 덕을 좋아하는 것[攸好德], 천명을 다하여 삶을 마감하는 것[考終命]을 의미한다.[13] 인간이 인생에서 바라는 최고의 다섯 가지 복을 의미하는데, 평생 건강하고 장수하며 부를 누리고, 덕을 지키며 살다가 천수를 다해 생을 마치는 것을 가장 큰 복으로 여겼던 것이다. 지금도 우리는 이러한 가치관을 형성하면서 살아가고 있으므로 고대 인류와 지금을 살아가는 우리는 크게 다르지 않다. 천하를 가진 황제도 바라던 것이 바로 오복이었다. 전국 시대 법가사상을 주장했던 한비자 또한 '일생의 부귀가 곧 복이다〔一生富貴謂之福〕'라고 하며, 장수와 부귀가 인생 최대의 복임을 강조했다. 고대 사회에서도 복福이란 개념이 물질적 풍요뿐만 아니라 건강, 도덕적 삶, 그리고 천명을 다하여 자연스러운 죽음에 이르기까지를 포함하는 것이었으며, 이러한 세계관은 문자 와당으로 만들어져 궁궐 건축에 등장하기도 했다.

그렇다면 당시 궁궐에 머물던 사람들이 진정으로 바랐던 복은 무엇이었을까? 왜 수많은 기와 가운데, 지극히 작은 와당의 표면에까지 굳이 복을 기원하는 길상문을 올려야만 했을까? 이는 단순히 지붕을 장식하는 장식적 행위 이상의 의미를 담고 있다. 한대 왕실에서 갈망하던 복은 과연 백성들이 마음으로라도 생각할 수 있고, 누릴 수 있었던 복이었을까? 아니면 왕실과 지배층만이 독점할 수 있었던 복이었을까? 오복 가운데 왕실이 특히 절실하게 바랐던 것은 장수와 부귀, 그리고 국가와 왕조의 안녕과 번영이었을 것이다.

당시 왕은 천명을 받아 하늘 아래 유일하게 복을 누릴 자격이 있다고 여겨졌으며, 그 복의 상징을 지붕 위에 올린 것은 하늘에 가장 가까운 곳에서 하늘의 기운을 받아 누리겠다는 의지의 표현이었다. 문자 와당에 시문된 '만유희萬有憙'의 글귀와 함께 구름 문양 또한 상서로운 기운과 복을 상징하며, 건물의 공간과 기와지붕의 장식 하나하나에 왕실의 복과 기쁨, 그리고 천년을 이을 왕조의 번영을 꿈꾸는 상징이 스며들어 있었던 것이다.

결국 고대 왕실이 바랐던 복은 백성의 행복이나 평안과는 다른 차원의 복, 곧 하늘과 소통하며 장구한 권력과 부귀를 영속하기 위한 기원이었던 것이다. 그들은 와당이라는 작은 공간에조차 그러한 욕망과 갈망을 담았다. 이 작은 기와 조각 하나에 한 왕조의 세계관과 복에 대한 인식이 그대로 투영되어 있었다. '유만희有萬熹' 문자 와당은 산시성 미앙궁에서 발굴되었는데, 미앙궁은 한고조 때의 승상 소하가 만든 궁전으로 서한 시기의 황제들이 머무르던 곳이다. 미앙궁에 관한 기록은 한 왕조의 도읍 장안과 그 부근의 지리를 기록한 《삼보황도三輔黃圖》에 다음과 같은 기록이 전해지고 있다.[14]

> 미앙궁의 둘레는 28리이고, 전전前殿의 동서 길이는 50장丈이며, 깊이 15장丈, 높이 35장丈이다. … 금으로 장식한 문고리와 옥으로 꾸민 문짝, 화려한 서까래와 벽의 구슬 장식, 조각한 기둥과 옥으로 만든 석단이 있었다. 황금으로 벽띠를 두르고, 그 사이에 화씨의 옥과 같은 귀한 옥을 장식하였다. 바람이 불면 그 옥과 금속 장식들이 부딪혀 맑고 영롱한 소리를 냈다.

미앙궁은 한고조 시기의 승상 소하의 주도하에 지어진 궁전으로, 《삼보황도》에 언급된 미앙궁 둘레는 지금의 단위로 계산해 보면 대략 11.62킬로미터다. 정전 동서의 길이는 156미터이고, 정전 앞뒤의 폭은 46미터, 정전의 높이는 약 109미터에 이른다. 정전의 높이가 109미터라면 지금의 현대식 건물로 26층짜리 건물 높이와 비슷하고, 정전 동서의 길이가 156미터라고 함은 오늘날 축구장 길이의 약 1.5배에 해당되는 것으로 미앙궁의 크기와 기술력과 왕실의 권위를 보여주고 있다. 그 크기만 보아도 위엄을 알 수 있다. 여기에 금과 옥을 덮고 화씨의 옥을 사용했다는 점에서 와당은 당시 옥과 금처럼 굉장히 귀한 재료였음을 알 수 있다.

'화씨의 옥'이란 어떤 옥이길래 미앙궁의 화려하고 웅장함에 비유했던 것일까. '화씨의 옥'은 전국 시대 법가 사상가인 한비자에 나오는 이야기로 초나라 화씨가 초나라 여왕勵王에게 옥돌을 바치는 데서 이야기는 시작된다. 초나라 여왕께 옥돌을 바치니 여왕은 옥세공사에게 보내어 감정을 시킨다. 그러나 화씨가 바친 옥은 그냥 돌이라는 대답이 돌아오면서 왕을 능멸한 죄로 다리를 잘리는 처벌을 받게 된다. 무왕이 등극한 후 화씨는 또다시 옥돌을 바쳤지만, 마찬가지로 왕을 속인 죄로 나머지 한쪽 다리마저 잘리는 처벌을 받았다. 이어 문왕이 즉위를 하자 화씨는 옥돌을 또 바치고 싶었다. 하지만 이미 자신의 몸은 쇠약해지고 두 다리도 잘려 나가 거동을 할 수 없게 되자 화씨는 사흘 밤낮을 옥석을 안고 울다가 결국에는 피눈물까지 흘렸다고 한다. 문왕이 이 소식을 들은 후 사람을 시켜 화씨를 만나게 된다. 세상에는 다리 잘리는 처벌을 받은 사람이 많은데 어째서 울고만 있냐고 묻는다. 화씨는 다리가 잘린 것이 슬퍼서 우는 것이 아니라, 저 귀한 옥석을 알아보지 못하고 왕을 속였다고 했는데, 자신이 우는 것은 흑과 백을 구별하지 못하는 왕 때문에 슬퍼서 우는 것이라고 말한다. 문왕은 옥돌을 다듬게 할 것을 명했고, 그 속에서 귀한 보옥寶玉을 얻게 된다. 이 이야기는 이후에도 많은 정치인과 기업인들에게 흑백논리를 구별하지 못하는 것과 충신을 알아보지 못하는 상황에서 인용되기도 하는 이야기다. 이것이 바로 '화씨의 옥'인 것이다. 귀한 화씨의 옥으로 미앙궁을 장식했다는 부분에서 미앙궁의 외관이 어떠했는지 짐작할 수 있다. 처마 끝 흘러내리는 부분에는 와당으로 마무리했고, 화씨의 옥을 사이사이 넣어 미앙궁을 만들었다는 것, 당시 와당은 매우 귀중한 재료임은 분명하다. 이렇게 위엄과 화려함이 보이는 궁에서 한 왕조는 끝없는 장수와 부귀를 누리고자 했던 흔적이 보인다. 또 무엇을 가지고 싶어 했을까 생각해보면 어쩌면 유씨 가문이 한 왕조를 지속적으로 이어가고자 하는 염원이 가장 컸을 것이다. 장수를 통해 영원불변의 삶에 대해 갈망했다. '유만희' 문자 와당에서 그려지는 것처럼 기쁨의 행복이 영원히 지속되었으면 하는 욕망이 고스란히 남겨져 있던 것이다.

2. 사계절, 왕을 위한 네 글자

한대 문자 와당의 글자 수는 1자부터 12자에 이르기까지 다양하게 등장하지만 4자로 이루어진 와당이 가장 많이 등장하고 있다. 문자의 배치는 일반적으로 시계방향으로 되어 있지만, 좌우 또는 상하로 문자를 안배하는 경우도 있다. 문자 와당 명문의 종류는 그 의미에 따라 약 300여 종의 문구들이 등장한다. 모두 한 왕조 궁궐 건축에서 사용된 것이다. 이 가운데 장수와 부귀의 길상적 의미를 담고 있는 내용은 전체 문자 와당의 70퍼센트 이상 차지하고 있다. 문구와 글자체의 다양함은 와당 문자가 '궁궐 문자'로 설명할 수 있는 중요한 핵심이 되고 있다.

오래 살고 싶다는 네 글자의 꿈, '장수'를 바라는 내용은 한무제 시기에 만들어진 와당에 집중적으로 사용되었다.

천년만년 오래 살고 싶다.
불변하지 않는 삶을 이어가고 싶다.
지금의 영화와 부귀도 사리지지 않기를 바란다.
대대손손 한 왕조의 번창을 기원한다.
항상 웃고 즐겁기를 바란다.
이 모든 것이 끝이 없었으면 좋겠다.

이 같은 내용은 한대 문자 와당에 등장하는 문구들로 대부분은 장수와 부귀를 꿈꾸는 소망에서 시작되고 마무리된다. 간절하게 바라는 마음이 그대로 전달되고 있다.

한대 문자 와당에 등장하는 길상 명문으로는 천년만년의 긴 세월을 기원하는 '천추만세千秋萬歲', 장수를 바라던 '연년익수延年益壽', 언제까지나 즐거움을 누리고자 했던 '장락미앙長樂未央', 그리고 금과 화씨의 옥 같은 '부귀富貴' 등이 있다. 얼핏 보면 지나치게 과한 욕망처럼 보일 수도 있지만, 천하를 손에 쥔 최고의 권력자조차 영원한 소유가 불가능하다는 사실을 잘 알고 있었는지, 그 마음을 글자로 적어 지붕 위에 올린 심정을 가늠해본다. 특히 '천추만세'는 한 왕조의 번영과 장수에 대한 갈망이 가장 절절하게 담긴 표현으로, 한나라 400여 년의 통치 기간 가장 흔하게 사용된 대표적 길상 문구였다. 이 같은 길상 명문은 이후 문인들의 시문과 회화에도 자주 등장했으며, 오늘날에도 여전히 전통적인 길상어로 활용되고 있다.

한대 문자 와당에 적힌 글자체는 다양하며, 와당의 공간적 형태와 배치에 따라 글자체 역시 달라졌기 때문에 서예가들에게도 자주 모방되고 응용된다. 당대 권력자가 자신의 건축물에 새긴 '천추만세'의 염원은 단순한 탐욕이 아니라, 삶의 유한함을 깨달은 인간적 고뇌와 애환의 표현이라 할 수 있다. 하늘과 가장 먼저 맞닿는 지붕 위 와당에 기원과 염원을 새기려 했던 모습에서, 오히려 인간적인 욕망과 소망이 그대로 드러나는 것이다.

전통 건축의 지붕 위에 놓인 와당은 지상에서 올려다보더라도 그 세부 내용이 거의 보이지 않는 자리에 위치하고 있다. 특히 고대 궁궐 건축물의 경우, 앞에서 살펴본 미앙궁의 경우 정전의 높이가 109미터로 지붕의 높이는 매우 높았는데, 직경 15~17센티미터의 작은 원형 와당 면에 시문된 길상 명문이나 문양이 어느 정도까지 가시성을 가졌는지는 의문이다. 그럼에도 한대 궁궐 건축에 사용된 문자 와당에는 네 글자뿐 아니라 다섯 자, 여섯 자, 많게는 열두 글자에 이르는 다양한 문구가 새겨져 있었다. 문자 배열을 위해 와당 면에는 글자 수에 따라 균등하게 공간을 구획하는 방식이 사용되었다. 네 글자 와당은 4등분, 다섯 글자는 5등분, 여섯 글자는 6등분하는 방식으로 글자를 배치했다. 그러나 가장 글자 수가 많은 열두 글자 명문의 경우 구획을 나누지 않고, 글자 주변에 구름 문양이나 화훼花卉 문양을 함께 배치하기도 했다.

푸쟈이傅嘉儀가 1999년 편찬한 《진한와당秦漢瓦當》에 수록된 명문 와당 835점을 분석해보면 장수와 부귀 등의 한대 길상 명문은 다음 표와 같이 정리할 수 있다.[15]

표의 내용 가운데 한대 길상의를 담고 있는 문자 와당은 '천추만세千秋萬歲', '연년익수延年益壽', '장생미앙長生未央', '장락미앙長樂未央', '부귀富貴'라는 문구가 가장 많이 등장하고 있다. 한대 문자 와당에는 장수에 대한 염원이 자주 등장한다. 당시 한 왕조를 정신적으로 지탱해주던 철학적 사상과 깊은 관련이 있었던 것이다. 한 왕조는 유가와 도가, 그리고 신선 사상이 서로 영향을 주고받으며 국가의 정신적 토대를 이루던 시대였다. 유가는 천명과 덕치를 중시하며 올바른 통치를 통해 나라와 백성이 오랫동안 평안하기를 바랐으며, 도가는 자연의 이치에 순응하며 무위자연의 삶을 이상으로 삼았다. 여기에 신선 사상은 인간이 신선이 되어 불로장생하는 경지에 이르기를 꿈꾸며 영원한 삶을 추구하고자 했다. 이러한 시대적 분위기 속에서 장수는 단순한 욕망 이상의 의미를 지니며, 가장 귀하고 이상적인 복이었을 것이다. 그래서 궁궐 지붕 위의 와당에도 자

萬歲	萬世	萬秋	無極	大富	延年	大吉
富貴	千秋	千歲	有萬憙	宜富貴	益延壽	伍穀滿倉
千秋萬年	長樂富貴	萬歲萬歲	羽陽千秋	富貴萬歲	宮宜子孫	延年延年
大吉萬歲	吉月照登	永受嘉福	樂浪富貴	壽老無極	長生樂哉	千秋萬歲
千秋長安	延壽萬歲	羽陽千壽	與華無極	與華相宜	長樂未央	長陵四神
嚴氏富貴	永奉無疆	長生未央	與天無極	與天母極	延年益壽	富昌子孫
萬歲千秋	大吉富貴	吉羊大吉	常樂萬歲	長川未央	千秋萬世	安樂富貴
延年萬年	幷是富貴	千年延壽	安樂未央	長樂富貴	茛樂富貴	四季平安
方春富貴	千秋利君	大宜子孫	萬歲千秋	富昌大吉	長毋相忘	長駿未央
長樂萬世	富貴毋央	富貴萬歲	石渠千秋	大吉伍伍	大吉宜官	茛樂萬歲
殷氏富貴	梁氏富貴	安樂未央	利昌未央	與地相場	長樂無極	與天久長
永葉千秋	富貴未央	富貴逢陽	克樂未央	富貴昌宜	長樂萬歲	延年萬歲
大秦萬歲	泱茫無垠	萬物咸成	鮮神所食	四極咸依	咸況承雨	屯澤流施
流遠屯美	仁義自成	加氣始降	加露沼沫	道德順序	億年無疆	泰靈嘉神
萬歲冢當	安邑稠柱	高安萬歲	永保千秋	常樂千歲	羽陽萬歲	安樂富貴
長生 母敬冢	長久 樂哉冢	鼎胡 延壽宮	長樂 未央金	八分 壽存當	安平 樂未央	延壽 長相思
長生 未央冢	千秋萬歲 富貴	千金 宜富貴當	千秋利君 長延年	千秋萬歲 爲大年	長樂母極 常居安	千秋萬歲 樂未央
千秋萬歲 與天無極	千萬歲富 貴宜子孫	長樂未央 與天相保	千秋萬世 安樂無極	千秋萬歲 以保長年	千秋萬歲 與地母極	千秋萬世 長樂未央昌
延壽萬歲 常與天久長	千萬萬歲 與天地無極	延壽萬歲 常與天久長	長樂未央 延年永壽昌	天子 千秋萬歲 常樂未央	與民世世 天地相方 中正永安	維天降靈 延元萬年 天下康寧

연스럽게 장수를 기원하는 문구들을 많이 새겼던 것이다. 특히 네 글자 문구가 두드러지게 많은 것도 주목할 만하다. 이는 단지 글자를 배치하기 좋고 기억하기 쉬워서만은 아니었다. 당시 한 왕조의

5장. 와당이 말하다 215

세계관과 사상적 체계는 하늘과 땅, 동서남북, 춘하추동의 사방의 '네' 개념을 통해 세상과 인간의 질서를 설명하고자 했다. 와당 면을 네 등분으로 구획하여 글자를 배치하는 방식은 단순한 장식의 의미를 넘어 철학과 가치관을 담은 시대적 상징이었다.

한대 문자 와당의 문자와 문양을 배치하기 위해 원형의 와당을 사분 구획하는 방식은 동중서의 사상적 이론에 뿌리를 두고 있었다. 동중서의《춘추번로春秋繁露》에 의하면, 황제가 신하를 선발하는 규범조차 천상계를 본떠 이루어졌다고 주장하고 있다. 동중서는 지금의 허베이성 광주廣州 출신으로, 한 왕조 경제景帝 때 박사에 임명되었으며, 이후 한무제 시기에 이르러 이름을 널리 알렸다. 특히 한무제가 유교를 국가의 공식 이념으로 채택하고, 오경박사를 두며 태학을 설립하는 과정에서 동중서는 중심적인 역할을 했다.《춘추번로》는 정치와 도덕, 우주 자연의 이치에 관한 논의를 담은 책으로, 그 속에는 유가 사상뿐 아니라 법가적 요소도 엿보인다. 한대의 문화와 정치, 사상을 이해하는 데 있어 이 책은 매우 중요한 고전이라 할 수 있다. 결국 문자 와당의 사분 구획은 동중서의 '하늘과 인간, 국가의 질서를 네 방향으로 나누어 통제하고 조율한다'라는 사유 체계와 긴밀히 연결되어 있었던 것이다.

《춘추번로》에서 동중서는 왕을 독보적인 존재로 규정하며, 천지인天地人을 하나로 아우르며 도道를 관통하는 인물이라 주장하고 있는데, 다시 말하면 천자의 정치는 하늘의 이치와 맞닿아 있으며, 이를 위해 3공三公(3명의 신하), 9경九卿(9명의 신하), 27대부大夫(27명의 신하), 81원사元士(81명의 신하)라는 체계를 두어, 이 모든 직책이 하늘로부터 부여받았음을 강조하는 것이다. 이것을 '천인상응설天人相應說'이라 한다. 즉 하늘과 인간 세상이 긴밀히 연결되어 있다는 사상을 펼친 것이다.

특히 동중서는 관료 제도의 운영 방식 또한 천상의 질서를 본떠야 한다고 보았다. 황제가 세운 관직 체계를 '관제상천官制象天'이라 하여, 하늘의 이치를 그대로 모방해 땅 위에 펼친 것이라 여긴 것이다. 고대에는 권력의 정당성을 확보하기 위해 초자연적 근거가 필요했는데, 신하를 선발하는 과정도 자연의 이치와 천상의 질서를 따르는 방식으로 이루어져야 한다고 여겼던 것이다.

이러한 이유로 황제를 보좌하는 관료 체계도 3공, 9경, 27대부, 81원사로 나뉘며, 숫자 '3'을 기본수로 삼아 체계를 구축한 것이다. 3공은 왕을 가까이서 보좌하는데 신분이기에 3공인 3명의 신하를 가장 먼저 두었다. 신하를 선발할 때도 자연에 순응함을 받들어 네 번의 선발 과정을 거쳐야만 신하로서의 자격이 주어진다. 신하 선발에 있어서는 네 번의 선발 과정을 거치는데, 이것은 1년을 사계절로 나누었던 이치와 같았다. 지금으로 보면 대통령을 보좌하기에 네 번의 시험을 보아야 합격한다는 것이다. 마찬가지로 3공을 보좌하는 신하 또한 9경을 두었는데, 3공의 3배수를 하게 되면 9라는 수가 나온다. 마찬가지로 9경을 보좌하는 신하 또한 27대부인데, 9를 3배수로 하면 27이라는 수가 나오게 된다. 이러한 수가 하나로 모이면 결국 왕을 보좌하게 된다는 것이다. 이것은 단순한 관료 제도를 넘어 하늘의 별자리와 자연의 주기, 시간의 질서를 관료 등용에도 그대로 투영시키려 했던 한대 사상의 핵심이라 할 수 있다.

여기서 숫자 '3'이 등장하는데, '3'이란 고대 동아시아에서 가장 큰 숫자이자 완벽한 수를 의미했기 때문이다. 따라서 황제 바로 밑에서 보좌하는 3공은 천자를 바르게 인도해야 하는 중책을 맡게 되는 중요한 임무였다. 그러므로 왕의 측근에서 보좌하는 중책을 맡게 되는데, 세 명의 신하를 선발하는 3공은 반드시 네 번의 선발 과정을 거쳐야만 한다. 네 번의 필기시험과 면접을 보았던 것이다. 왜 네 번이었을까. 1년은 4계절로 나눈다. 한 계절은 또다시 3개월로 나뉜다. 3개월이 모여 한 계절을 의미하고, 4개의 계절은 모두 각각 3개월의 수를 지나야 한 계절이 지나기 때문에 3개월씩 모인 4계절이 지나면 한 해가 마무리된다. 이것이 자연의 원리와 천상을 거스르지 않는다는 것과 부합된 것이다. 지금도 3과 연관된 내용이 많이 전해지고 있는데, 게임의 원칙을 정할 때도 가위, 바위, 보를 세 번하여 승부를 나누는 관습이 우리에게 있다. 또 삼삼오오, 조삼모사 등 숫자 3과 연관된 속담도 전해지는 등 동아시아에서 3의 의미는 최상, 최고, 완벽을 의미하고 있었던 것이다.

3공과 마찬가지로 9경, 27대부, 81원사의 신하도 4번의 선발 과정을 거치면서 황제를 보좌한다. 3공한테는 각각 3명이 보좌하므로 그 수는 3의 배수인 9경이 되는 것이다. 9경은 각각의 3명이 보좌하므로 그 수는 3의 배수가 되는 27대부를 이룬다. 27대부도 각각의 3명이 보좌하므로 그 수는 3배가 되는 81원사가 되는 것이다.

사분 구획 구름 문양 와당(중국 시안 진전한와박물관 소장)

사분 구획 여화무극(與華無極) 와당(중국 시안 진전한 와박물관 소장)

3배를 더하는 이유는 왕을 보좌하는 신하 3공부터 81원사까지 모두 3배씩 그 수가 늘어나면서 자신들이 맡은 상관을 보좌하게 되면 결국 천자를 보좌하게 된다는 것이다. 동아시아 고대에서 숫자 '3'이 지니는 의미와 완벽히 일치한다. 이들은 모두 4번의 선발 과정으로 엄격히 선발되었으며 자연의 리듬에 순응한 완벽한 황제의 사람들이 된 것이다.[16]

동중서의 이론을 면밀하게 살펴보면, 어쩌면 한대 와당 대부분이 4자 문자 와당인 이유가 왕을 보좌하는 각각 3명의 신하를 선발하는 과정이 일 년의 계절을 의미하는 것에서 비롯되었다는 결론을 얻을 수 있다. 문자 와당의 4자 길상 문자가 대거 등장하는 이유와 문양 와당의 구획을 사분할로 나누는 것, 동중서가 언급한 천자의 나라에 맞는 원리가 적용된 것을 시사하고 있었다. 황제를 보좌하는 신하를 선발하는 4번의 과정과 황제의 공간에 사용되는 와당의 사분할, 모두 황제를 위한 것이었다.

　한무제 시기에 본격적으로 유행한 문자 와당, 특히 4자 문구가 많이 등장하는 이유는 황제를 보좌하는 신하를 선발하는 과정이 1년을 4계절로 나눈 것에서 비롯된 것으로 자연에 순응한 결과였을지도 모른다.

3. 오래 살고 싶은 소망을 걸었던 '천추만세'의 삶

오래도록 살고자 했던 염원은 네 글자 문구뿐 아니라 두 글자로 된 문자 와당에도 담겨 있었다. '천추千秋', '만세萬歲', '여천與天', '무극無極'과 같은 두 글자는, 서로 짝을 이루면 '천추만세千秋萬歲' 또는 '여천무극與天無極'과 같은 네 글자의 길상 문구가 완성된다. 특히 2자 문자 와당은 독립적으로 배열되기보다는 네 글자 문구를 완성할 수 있도록 연속 배열 형식으로 제작되었을 가능성이 크다. 마치 처음부터 네 글자 문구로 새겨진 문자 와당처럼, 두 개씩 짝을 이루어 병렬식으로 지붕 위에 올려지면서 건축물에 또 다른 미적 효과를 더했을 것이다. 이렇게 배치된 두 글자 와당들은 각자의 의미도 품고 있지만, 서로 연결되어 더욱 장대한 의미를 완성하는 구조적 아름다움과 상징성을 함께 지니고 있었던 셈이다.

　'천추만세'에 대한 기록은 매우 이른 시기부터 등장한다. '만세萬歲'는 '만년萬年'과 같은 뜻으로, 이미 《장자》의 〈제물론〉에서 그 의미를

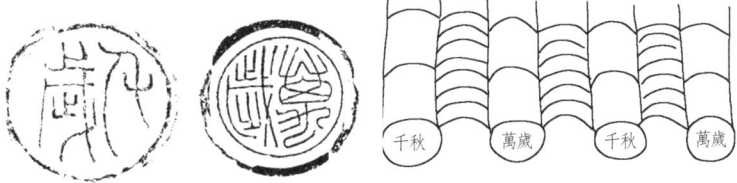

천추(千秋), 만세(萬歲) 2자 와당(《秦漢》878, 868)

천추(千秋), 만세(萬歲) 2자 와당을 병렬식으로 올린 와당

찾아볼 수 있다.[17] 또 다른 길상어인 '무극無極'은 '끝이 없다'라는 의미를 지니는데,《좌전》에서는 "여인의 덕은 무극하고, 부인의 원망은 무종無終이다"라는 내용이 전해진다. 서로 상반되면서도 공통적으로 '끝이 없다', '다함이 없다'라는 의미를 담고 있다. 특히 '무극'은 '종終'보다 훨씬 더 깊고 넓은 의미를 지닌다. '종'이란 언젠가는 마침이 있다는 뜻이지만, '무극'은 아예 끝의 개념조차 없는 무한한 상태를 의미한다. 이와 함께 문자 와당에는 장수와 장락을 기원하는 문구도 함께 적었다. 끝없이 오래도록 이어지기를 바라는 마음, 아마도 한 왕조의 유씨劉氏 가문이 대대로 천하를 다스리기를 소망하는 염원을 담은 것이었으리라. 비록 욕망처럼 보일 수 있지만, 어쩌면 인간이라면 누구나 지닌 삶의 본능적인 소망이자 근본적인 바람이라 할 수 있다. 종착지가 보이는 '끝'이 아니라 끝이 없는 '무극'을 꿈꾸며, 하늘과 가장 먼저 맞닿는 궁궐 지붕의 와당 위에 그 마음을 새겨 걸었던 것이다.

노자 역시 이와 비슷한 내용을 언급하고 있다. 그는 우주 만물의 근원은 본래 어떤 형태도 모양도 없으며〔無形無象〕, 소리도 색깔도 없고﹝無聲無色﹞, 시작도 끝도 없으며﹝無始無終﹞, 어떤 이름으로도 규정할 수 없는 것﹝無可知名﹞이라고 했다. 바로 이것이 '무극無極'의 개념이라는 것이다. 송대의 철학자 주돈이周敦頤 또한 《태극도설太極圖說》에서 이와 같은 맥락의 설명을 남긴 바 있다. 그는 무극을 만물의 근원으로 삼아, 거기에서 태극太極이 비롯되고, 태극에서 음양과 오행, 그리고 만물의 변화가 펼쳐진다고 보았다. 시대와 사상이 달라도 우주와 존재의 근원에 대한 사유는 '끝이 없음'이라는 개념으로 수렴된 것이다.[18]

> 무극은 태극이라고 하는데, 태극이 움직여서 양陽을 생성하고, 이것을 움직여서 정靜을 만들고, 정靜을 움직여서 음陰을 낳게 한다. … 음양은 즉 태극太極이고, 태극이 즉 무극無極이다.

'무극'이란 역시 도가 사상의 색채가 매우 강하다. 400년 태평성대를 누리던 한 왕조는 분명 그들의 세력과 권력을 영원히 이어 나가기를 희망했다. 권력을 이어 나가기 위한 강력한 방법은 그들의 권력과 부귀가 영원히 사라지지 않고 가문의 장수를 통해 태평성대를 꿈꾸었던 메시지를 전달하는 것이었다. 그래서 한대 문자 와당은 '천추千秋', '만세萬歲', '여천與天', '무극無極'의 길상적인 문구가 자주 등장하게 되었던 것이다.

송나라 왕벽지王闢之의 《민수연담녹澠水燕談錄》에는 '우양천추羽陽千秋'라는 말이 등장하는데 그 내용은 다음과 같다.[19]

여천(與天)《秦漢》860　　　　　　무극(無極)《秦漢》861

진秦나라 무공武公이 우양궁羽陽宮을 지었는데, 그 위치는 오늘날의 봉상鳳翔과 보계현寶雞縣 경계에 있었던 것으로 전해진다. 하지만 세월이 너무 오래 흘러, 그 정확한 자리를 알 수 없게 되었다. 북송 원우元祐 6년(1091) 정월, 직현문直縣門 동쪽 백 보 지점에서 권씨權氏라는 사람이 연못을 파던 중, 고대 청동 기와 다섯 점을 발견했다. 그 가운데 네 점은 깨져 있었지만, 유독 하나만 온전하게 남아 있었다. 이 기와는 지름이 4촌 4푼(약 14.7센티미터)쯤 되었고, 그 표면에는 '우양천추羽陽千秋'라는 네 글자의 명문이 새겨져 있었다.

송나라 때 권씨 성을 가진 사람이 한대에 사용된 문자 와당을 발견했다는 기록이다. 궁명이 적힌 귀한 문자 와당이었다. 봉상鳳翔과 보계현寶雞縣 일대는 진나라 시기에도 중요한 지역이었음을 보여주는 귀중한 증거라 할 수 있다. 기록에 따르면, 진나라 무공武公이 '우양궁羽陽宮'이라는 궁궐을 지었다고 하며, 문자 와당에도 이 궁궐의 이름이 새겨져 있었던 것이다.

더욱 흥미로운 점은 이 문자 와당에 '천추千秋'라는 길상어가 함께 새겨져 있었다는 사실이다. 이는 우양궁에 머무는 누군가가 천년만년의 수명을 누리기를 기원하는, 장수에 대한 간절한 염원을 담고 있음을 보여준다. 궁궐의 이름과 길상어가 함께 등장하는 것은 단순한 장식 이상의 의미를 가진다. 이는 이 건물의 주인이 '천세千歲의 영생'을 소망하며, 하늘과 연결된 공간인 지붕 위에 그 마음을 새겨 올린, 매우 인간적인 바람의 표현이었음을 알 수 있게 한다.

'천추千秋'라는 단어는 오늘날에도 민속 행사나 복식, 도자기, 공예품 등에서 흔히 볼 수 있는 익숙한 표현이다. 그러나 고대 사회에서 '천추'는 결코 아무나 쉽게 쓸 수 있는 말이 아니었다. 한 왕조의 번영과 장수를 기원하는 뜻을 담은 이 말은 오랜 시간 동안 지극히 신중하게 사용되었다. 가장 먼저 '천추'라는 용어가 등장하는 시기는 전국 시대 말기의 기원전 280년에서 기원전 233년 무렵이다. 《한비자韓非子》〈현학顯學〉편에 처음 등장하는데, 당시에도 상당히 특별한 의미를 지녔음을 보여준다. 천년만년 이어지기를 바라는 마음을 담은 '천추'는 이후 왕실과 귀족의 공간에서 길상의 언어로 사용되며, 후대까지 이어져 내려오게 된다.

무당이 사람들에게 '천추만세千秋萬歲를 누리라'며 축원하지만, 그 소리는 그저 듣기에 좋을 뿐, 정작 하루의 수명조차 보장해주지 못한다. 그래서 사람들은 점차 그들의 말을 믿지 않게 되었다.

(今巫祝之祝人曰: 使若千秋萬歲, 千秋萬歲之聲恬耳, 而一日之壽無征于人, 此人所以簡巫祝也)

한비자는 매우 실질적이고 현실주의적인 정치철학을 펼쳤던 인물이다. 그의 저서 《한비자》〈현학〉 편에서는 현명한 군주라면 실질적인 일에 집중하고, 허황된 말이나 근거 없는 소리에 휘둘려서는 안 된다고 강조한다. 특히 이 책에서는 무당이나 주술사들이 '천추만세千秋萬歲'를 기원하며 장수를 축원하는 모습을 비판적으로 다루고 있다. 천년만년 오래 살겠다는 막연한 기대는 결국 현실과 동떨어진 망상일 뿐이라는 것이다. 이 문장이 바로 문헌 속에 기록된 '천추만세'라는 용어의 가장 빠른 자료다. 전국 시대 말기, 한비자가 살았던 그 시대 역시 사람들은 천년만년을 살고 싶다는 욕망을 품고 있었다. 당시에도 인간은 생의 유한함 앞에서 늘 장수에 대한 갈망을 품었고, 그러한 소망이 축원의 언어로 남아 있었음을 확인할 수 있다. 한비자는 그러한 허망함을 냉철하게 비판했지만, 그 시대 사람들의 마음속에는 영원히 끝나지 않는 삶에 대한 열망이 깊숙이 자리잡고 있었다.

궁궐 건축에서 사용된 '천추'와 '만세'처럼 장수와 영원함을 전하는 용어의 사용은 그 시기와 지역을 살펴보면 대부분 서한 시기에 집중되었다. 특히 길상적 문구 가운데 '천추만세'라는 단어는 200년 이상 오랫동안 사용된다. 산시성을 중심으로 허난성, 허베이성, 산둥성, 내몽골 등에서 사용되고 있었던 점을 보면 한대 왕실에서 가장 즐겨 사용하던 단어였다.

그렇다면 '천추'라는 용어는 왜 그렇게 오랜 시간 동안 사용되어 왔던 것일까? '천추'는 본래 '긴 세월'을 뜻하는 말로, '천년', '만년', '천만년'처럼 인간의 손으로 헤아릴 수 없는 오랜 시간을 표현할 때 쓰인다. 중국 동진東晉 시기의 학자 갈홍葛洪(283~384)은 도교적 색채가 짙은《포박자抱朴子》라는 책을 저술했는데, 이 책 역시 신선술과 불로장수에 대한 내용을 담고 있다.《포박자》내편內篇에는 "천세千歲의 새와 만세萬歲의 금수禽獸는 모두 사람의 얼굴과 새의 몸을 하고 있으며, 그 수명은 이름 그대로 오래 산다"[20]라고 기록하고 있다. 여기에서 천세와 만세라는 표현은 단지 오랜 시간을 의미하는 것을 넘어, 장수를 상징하는 신령한 존재로까지 묘사된다. 흥미로운 점은 이 '사람 얼굴에 새 몸을 지닌 새', 곧 인면조人面鳥의 형상이 우리나라 고분벽화에도 등장한다는 것이다. 인면조는 중국뿐 아니라 동서양의 다양한 신화와 전설 속에서도 오랜 생명력을 지닌 상징으로 전해져 왔다.

결국 '천추'의 용어를 오랜 세월을 두고 사용할 수 있었던 것은 단순히 시간을 의미하는 것 그 이상의 의미로 오래 살고 싶은 인간의 염원과 신성한 존재에 대한 믿음, 그리고 상징성이 담겨 있었기 때문이다.

1976년 평양에서 발굴된 408년 덕흥리 고구려 고분벽화에는 '사람 얼굴에 새 몸'을 지닌 인면조인 '천추千秋'의 모습이 그려져 있다. 이 인면조는 신선과 마찬가지로 머리에 화려한 장식을 얹고 있으며, 머리를 위로 치켜들고 있는 모습이다. 그 아래에는 '만세萬歲'의 형상이 함께 묘사되어 있다. 인면조는 고대인들에게 하늘과 땅을 이어주는 신성한 존재로 여겨졌으며, 덕흥리 고분벽화 속 두 마리 인면조는 이를 잘 보여주고 있다.

벽화에는 각각 '천추지상千秋之像'과 '만세지상萬歲之像'이라는 묵서명이 적혀 있어, 천추는 오른쪽을, 만세는 왼쪽을 향해 서 있는 모습으로 표현하고 있다. 이렇듯 '천추만세'라는 표현은 단지 백세百歲를 의미하는 것이 아니라 천년만년을 뜻하는, 한없이 오래 살고자 하는 인간의 간절한 염원을 담은 길상어였다. 결국 인류가 삶에 대해 품은 가장 오래되고도 간절한 소망은 바로 '장수'였던 것이다. 고대 벽화 속 인면조와 '천추만세'라는 말은 그러한 인간의 애틋한 바람이 오랜 시간 변함없이 이어져 내려왔음을 보여주는 귀중한 문화적 증거라 할 수 있다.

2018년 평창 동계올림픽 개막식에서도 '인면조'가 등장하여 눈길을 끌었던 적이 있다. 원래는 장수의 길상적 의미가 있었지만, 지금은 길상적 의미와 전통적 의미를 연출시키려 할 때 인면조를 등장시키곤 한다. 인면조를 평창 동계올림픽에서 중요하게 등장시킨 이유도 동계올림픽의 성공적인 마무리를 향한 길상의 메시지였던 것으로 해석할 수 있다.

극락정토에 살고 있는 새 가운데 늙지도 않고 죽지도 않는 새를 묘사할 때 '인면조'가 등장한다. 일본 아미타경변상阿彌陀經變相에 등장하는 가릉빈가迦陵頻伽는 부처의 소리를 전하는 묘음妙音(묘한 소리)

덕흥리 고구려 고분벽화(408)

의 새로 사찰의 부도나 불단에 사람의 머리와 새의 몸을 하고 있는 인두조신人頭鳥身의 형상이 있다. 범어로는 칼라빈카Kalavinka라고 하는데 상상의 새로 가릉빈가라고도 불린다. 히말라야에 있는 눈 덮힌 설산雪山에서 태어났다고 전해지며, 그 소리가 묘하고 아름다워 묘음조妙音鳥, 미음조美音鳥, 옥조玉鳥라고도 불린다. 극락정토에 사는 불로불사기에 인면조 혹은 극락조라도 칭한다. 가릉빈가의 모습을 자세히 살펴보면, 다리, 몸체, 날개는 새의 형상이고, 얼굴과 팔은 사람의 형상이다. 몸체는 깃털로 덮여 있으며, 깃털이 달린 화관을 쓴 경우도 있고, 때에 따라 악기를 연주하고 있기도 한다. 인두조신은 가릉빈가의 형상처럼 극락정토에 사는 영원히 죽지 않는 영원불멸의 새로 묘사하고 있다. 덕흥리 고분벽화나 포박자에 등장하는 영원히 죽지 않고 천년만년 살고 있는 장수의 의미를 가지고 있다.

장수를 뜻하는 인면조는 《수서·왕소전》에도 등장한다. "… 기조

와당에 시문된 칼라빈카 (중국 시안 진전한와박물관)

개인면其鳥皆人面("… 새가 모두 사람의 얼굴을 하고 있다)"라 하여 포박자에 등장하는 천세와 만세는 '천추만세'인 것이다.

한대 문자 와당에 '천추만세'가 등장한 시기는 한고조 이후이며, 문헌 기록은 그보다 빠른《한비자》에서 찾을 수 있다. 그러나 한비자는 나이에 관한 장수의 개념을 의미하고 있으며, 동진 시기의《포박자》에는 영원히 죽지 않는 불사조의 인면조를 언급하고 있다. 사용된 의미에서는 약간의 차이는 있으나 장수라는 공통점이 있다. 진한 이후에는 사람의 얼굴과 새의 몸을 하고 있는 '인두조신'의 용어를 쉽게 찾을 수 있다. 1957년 허난성에서 발굴된 화상전에는 사람의 얼굴과 새의 몸인 인면조신이 발굴되었는데, '천추'라고 기록하고 있고, 다른 하나는 '만세'라고 기록되어 있다. 북제北齊 천보天保 8년(557)에 제작된 화상전에도 '천추'의 두 글자와 함께 인면조신의 형상이 시문되어 있다.

오래 살고자 하는 욕망은 오늘날에도 변함없다. '천추만세'라는 문구가 등장할 때면 언제나 사람의 형상과 새의 모습이 함께 그려진다. 과연 그들이 꿈꾸었던 '장수'는 어떤 의미였을까? 단순히 오래 사는 '수명'이었을까, 아니면 당대의 권력을 천년만년 이어가고자 하는 영원함에 대한 갈망이었을까? 특히 궁궐 건축에 사용된 문자 와당에 '천추만세' 문자가 많이 등장하는 이유는 바로 그 마음을 드러내고자 함이다. 오래 살고 싶다는 간절한 바람, 그리고 그들이 가진 권력과 부를 오랫동안 지키고자 했던 희망의 메시지인 것이다. 완벽한 삶을 추구하며, 현세와 내세 모두에서 현재의 부와 권력이 영원히 지속되기를 바라는 간절한 소망이 담겨 있었다.

'천추만세'는 고대 건축의 가장 위에 놓이는 와당에서 다양한 글자와 형태로 등장하고 있다. 한대 와당에 사용된 '천추만세'의 문구는 때로는 새 혹은 거북 문양과 함께 등장한다. 모두 장수의 의미를 가진 문양인데, 한대 문자 와당에 새가 함께 등장하는 것도 우연한 일은 아니었다.

'천추만세' 문자 와당에는 글자를 새 문양으로 만든 것, 와당의 중앙 당면當面에 새의 문양이 있는 것, 모두 장수의 의미를 잘 반영하고 있다. 때로는 구름 문양으로 구획을 나누고 천추만세 문자를 안배하기도 한다. 대부분 네 글자로 되어 있으나 2자로 나누어 '천추'와 '만세'로 분리시킨 경우도 있으며, 4자 이상의 문구로 이루어진 와당도 찾을 수 있다.

'천추만세'의 문자 와당은 한 왕조의 도읍지 산시성 장안에서만

'천(千)'과 '추(秋)' 자의 자형에 새 머리와 날개로 만든 천추만세(千秋萬歲) 문자 와당(《秦漢》1213)

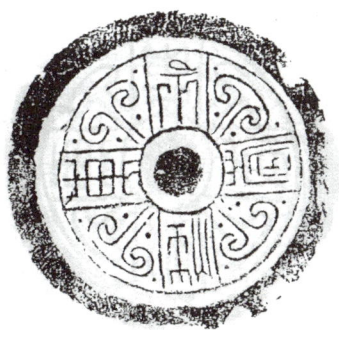

'천(千)' 자의 자형에 새 머리로 형상한 천추만세(千秋萬歲) 문자 와당(《秦漢》1174)

'천(千)'과 '추(秋)' 자의 자형에 새 형상과 함께 와당면에는 새를 묘사하고 있는 천추만세(千秋萬歲) 문자 와당(《秦漢》1284)

천추만세(千秋萬歲) 와당(중국 시안 진전한와박물관 소장)

사용된 것이 아니라 당시 중국 전역에서 유행했다. 장안성 미앙궁 3호 건축군에서 많은 양이 출토되었고, 산둥성 임치의 제나라 고성, 내몽골 영성寧城현의 흑성黑城고성, 허베이성의 한단, 시안 화창華倉 유적지 등지에서 많은 양의 와당이 출토되었다. '천추만세' 문자

5장. 와당이 말하다 231

천세(千歲)(중국 시안 진전한와박물관 소장)

즐거움이 천년만년 끝이 없어라(千秋萬歲樂未央)
(중국 시안 진전한와박물관 소장)

천년만년 부귀를 바라다(千秋萬歲富貴)(중국 시안 진전한와박물관 소장)

천년만년 끝이 없어라(千秋萬歲與地母極)(중국 시안 진전한와박물관 소장)

와당은 산시성과 함양 지역에서 집중적으로 사용이 되었다.[21]

한 시대, 그리고 특정한 기물에 동일한 문구가 지속적으로 반복 사용된 사례는 중국 역사상 한대의 '천추만세千秋萬歲' 문자가 유일하다. 이는 중국뿐만 아니라 다른 어떤 나라에서도 찾아보기 어려운 현상이다. 장수를 염원하는 마음이 강렬했기 때문일까? 실제로 한 왕조는 당唐과 더불어 중국 역사상 가장 오랜 기간 존속한 왕조 중 하나이며, 현재의 중국 문화를 형성하는 데 핵심적인 기틀을 마련했다. 한자의 정착, 유가 사상의 심화, 문학의 발전 등 한 왕조 400년의 역사는 중국 문명사에 있어 문화의 정착과 발전의 시대였다.

와당은 건축물의 부속품이자, 건축에 있어 빠질 수 없는 중요한 요소 중 하나다. 발굴 현장에서는 적게는 수십 개, 많게는 수백 개에 이르는 와당이 출토되곤 한다.

이들 가운데는 구름, 식물, 동물 등 다양한 문양이 새겨진 와당과 함께 길상적 의미를 담은 문자 와당도 포함되어 있다. 특히 '천추만세千秋萬歲'가 시문된 문자 와당의 출토가 가장 많은데, 이 문구가 한 왕조 왕실에서 가장 선호했던 표현임을 보여준다. 이 밖에 '만세만세萬歲萬歲', '장락미앙長樂未央', '장생미앙長生未央' 등도 역시 모두 장수를 기원하는 의미를 담은 문자 와당으로, 당시 왕실의 염원을 반영한다.

한대 문자 와당의 내용과 형식은 오늘날 우리 주변에서도 쉽게 찾아볼 수 있다. 문자 와당의 가장 큰 특징은 원형의 외형에 있으며, 그 내부는 다양한 문양이나 문구로 채워진다. 이러한 형식은 간결하면서도 명확하게 메시지를 전달하는 데 적합하다. 오늘날 학교나 공공기관에서 사용하는 로고나 엠블럼 역시 이와 유사한 구조를 지닌다. 언뜻 보기엔 현대적인 디자인처럼 보이지만, 기관명이나

아주대학교 로고. 원형 안에 설립 연도와 학교의 상징과 명칭이 모두 담겨 있다.

설립 연도, 핵심 가치 등을 상징적으로 배치한 원형 로고의 구성은 한대 문자 와당의 형식을 연상케 한다. 이는 정보를 상징적 문양 속에 함축해 전달한다는 점에서 유사성을 보인다. 예를 들어, 교육기관의 로고를 살펴보면 학교의 명칭, 설립 연도, 교훈 등 설립자의 취지를 담은 요소들이 원형 틀 안에 정돈되어 있다. 학교의 정신과 정체성을 시각적으로 상징하는 이러한 형식은 문자 와당의 구조와 거의 일치한다. 따라서 오늘날 우리가 접하는 많은 로고 디자인의 기원이 어쩌면 한대의 문자 와당에까지 거슬러 올라갈 수 있다는 점은 매우 흥미롭다.

대학 로고를 제작하는 과정에서 원형 테두리(주연부)에 글자를 배치하거나, 중앙부〔當面〕에 명칭이나 상징 문구를 삽입하는 방식은 오늘날에도 많은 대학이 채택하고 있는 전형적인 형식이다. 물론 이러한 디자인이 고대 와당의 형식을 직접 차용한 것이라고 단정하기는 어렵다. 그러나 대부분의 학교 로고가 원형 안에 문자나 문양을 넣는 구조를 따르고 있다는 점에서, 이 형식은 2000여 년 전 한대 문자 와당에서 이미 보편적으로 사용된 형식과 상당한 유사성을 보이는 부분이다. 이는 정보의 시각적 압축과 상징성의 전달이라는 측면에서, 문자 와당과 현대 로고 디자인이 공유하는 미학적·기능적 원리를 보여주는 흥미로운 사례라 할 수 있다.

대만 타이베이 양명산 기슭에는 '천추만세千秋萬歲'라는 문구가 한대 문자 와당의 형식과 유사한 방식으로 제작되어 있다. 이처럼 지금도 주변에서 쉽게 접할 수 있는 이러한 원형 구성의 표현 방식은 형식 면에서 한대 문자 와당과 거의 동일하다. 그 기원을 거슬러 올라가 보면, 이 같은 시각적 표현 형식은 결국 한대 와당에서 비롯되었다고 볼 수 있다.

문자 와당의 형식은 오늘날 식당의 간판 제작에서도 그 흔적을 찾아볼 수 있다. 예를 들어, 중국 상하이 와이탄外灘에는 '외탄화방外灘和房'이라는 음식점이 있는데, 이 간판의 '화방和房' 표기 방식은 한대 문자 와당의 형식을 응용한 사례다. '화和'와 '방房' 두 글자를 연결해 마치 하나의 글자처럼 보이게 한 이 표기 방식은 고문자에서 사용되던 합문合文 방식이다. 합문이란 둘 이상의 한자를 서로 연결하여 하나의 글자처럼 표현하는 방식으로, 문자 와당에서도 흔히 발견되는 표현 방식이다. '화방和房' 간판에서는 두 가지 방식이 활용되었다. 하나는 원형 테두리인 주연부를 따라 문자를 배치한 것이고, 다른 하나는 '화和'와 '방房'을 결합한 합문 형태로 표기한 것이다. 이처럼 문자 와당의 고대적 기법은 현대의 광고나 상

와당의 원형을 따라 적은 장생미앙(長生未央)(중국 시안 진전한와박물관 소장)   와당의 원형을 따라 적은 연수장상사(延壽長相思) (중국 허난성박물관 소장)

업 간판 디자인에서도 여전히 응용되고 있으며, 전통적 시각 표현 방식이 오늘날까지도 변용되어 살아 있음을 보여주는 좋은 사례라 할 수 있다.

 와당 문자의 중요한 특징 중 하나는 와당의 내외부 구조에 따라 글자의 형태를 유동적으로 변화시켜 처리한다는 점이다. 이러한 특징은 문자에 유연성과 독창성을 부여하지만, 동시에 해석에 어려움을 주기도 한다. 특히 원형의 구조 안에서 글자를 배치할 때, 글자의 수에 따라 내부를 여러 구획으로 나누는 경우가 많다. 어떤 경우에는 글자를 네모반듯하게 배치하기도 하지만, 보다 일반적으로는 원형의 곡선을 따라 글자의 형태를 변형하여 조화롭게 배열하는 방식이 채택된다. 이와 같은 형식은 시각적 완성도를 높이는 동시에, 문자 해독에 있어 주의를 요하는 부분이기도 하다.

 문자 와당은 와당의 원형이라는 작은 틀 안에서 글자를 안배하

천추만세(千秋萬歲)(중국 시안 진전한와박물관 소장)   장락(長樂)(중국 시안 진전한와박물관 소장)   연년(延年), 글자의 필획을 서로 이어 놓은 합문(合文)(중국 시안 진전한와박물관 소장)

게 된다. 와당의 원형이 일반적으로 직경 15~17센티미터 정도다 보니 글자를 많이 안배하게 되면 와당의 내외적 구조에 따라 자연스레 글자의 형태는 변한다. 지금의 관점에서 보면 글자를 읽어내기에 어려운 점이 많이 있으나, 당시 문자 와당을 사용한 사람들은 와당의 글자를 누구나 쉽게 보고 읽을 수 있게 만들 필요가 없었다.

궁궐 건축에 사용된 문자다 보니 글자는 결국 와당의 형태에 따라 다양하게 변형을 주게 되었다. 누군가에게 보이기 위한 문구도 아니었고, 읽을 수 없게 만들려는 의도도 아니었다. 단지 지붕의 끝에 올리는 와당의 귀함과 함께 장수와 부귀를 바라는 소망이 전부였던 것이다. 모든 고대 문자가 그러하겠지만, 와당 문자 또한 상징성과 시대의 문화사를 보여주고 있을 뿐이다. 그 결과 한대 문자 와당은 다양한 글자체를 만들게 되는데, 한대 시기에 유행한 전서와 예서뿐 아니라 와당의 구획에 따라 자연스럽게 변형되는 와당 문자만의 독특한 글자체를 만들게 된 것이다.

창덕궁 낙선재의 '희(喜)' 자가 적힌 문자 와당

창덕궁 낙선재樂善齋(보물 제1764)는 헌종이 경빈 김씨를 후궁으로 맞이한 후 그를 위해 궁 안에 만든 건축으로 단청을 하지 않은 소박한 모습의 건축물이다. 헌종의 서재이며 사랑채였던 낙선재의 와당에는 전서로 된 '희喜' 자 와당이 놓여 있다. '낙선'이란 즐거움이란 의미가 있기도 하지만, 헌종이 경빈 김씨를 위해 만들었다고 전해지는 만큼 헌종의 사랑을 엿볼 수 있는 매우 특별한 공간이었음

유만희(有萬憙)(중국 시안 진전한와박물관 소장)

도 짐작할 수 있다. 이곳에 적힌 희憙 자 와당은 중국 한대 와당에 사용된 '유만희有萬喜[憙]' 문자 와당과 같은 내용이다. 모두 기쁨이 가득하기를 바라는 의미다. 그러나 한대 왕실의 길상적 기복을 꿈꾼 것에 비하면 낙선재의 '희憙' 자 와당은 후궁에 대한 헌종의 사랑이 느껴지는 소박한 길상 명문이다.

무엇인가를 끊임없이 새기고자 했던 와당 문자. 그 바탕에는 장수와 부귀를 염원하는 인간의 간절한 마음이 담겨 있었다. 비록 와당의 출발점은 실용적 목적에서 비롯되었지만, 시간이 흐르면서 그 위에 새겨진 문자와 문양은 길상의 의미를 가지게 되었고, 사람들의 기원과 믿음을 상징하는 상징물로 자리잡았다. 더욱이 이러한 와당 문자의 형식은 오늘날 우리가 일상에서 접하는 광고 간판, 학교나 기관의 로고, 상품 브랜드 디자인 등에까지 영향을 미쳤다. 원형 안에 메시지를 담아내는 시각적 형식은 과거 한대 와당에서 이

5장. 와당이 말하다　239

강화도에 있는 강녕(康寧)이라 적힌 길상. 정미년(丁未年)에 만든 것으로 대문의 좌우에 수(壽)와 복(福)이 적혀 있다. ⓒ촬영자 정연학

미 그 틀이 마련된 것이라 해도 과언이 아니다.

'복되고 기쁨(복희福禧)'이라는 말은 분명 어떤 정해진 복, 곧 하늘로부터 내려진 축복을 뜻했을 것이다. 그래서 한대 황실은 영원히 저물지 않는 유씨 왕조를 꿈꾸었고, '유만희有萬禧'라는 문자 와당은 그들이 단지 오복을 바라는 데 그치지 않고, 그보다 더 많은 기쁨이 내리기를 소망했음을 보여준다. 장수와 즐거움, 그리고 부귀를 향한 일생의 염원을 와당 위에 적어 하늘에 기탁하고 있었던 것이다.

한편, 조선 헌종이 지은 낙선재의 '희喜' 자 와당은 그와는 다른 감정을 품고 있다. 이 와당은 한대 황실이 꿈꾸던 영원한 부귀나 왕조의 존속 같은 권력의 희망이 아니라, 사랑하는 여인을 위한 진심 어린 기쁨의 표현이었다.

단청 하나 물들이지 않은 소박한 건축물에 사랑을 기념하는 '기쁨[喜]'의 글자를 남긴 것이다. 그것은 여인을 기쁘게 하려는 헌종의 마음이자, 동시에 자신 또한 기뻤다는 고백이었을 것이다. '희喜' 자 와당은 왕실의 권위를 상징하기보다 인간적인 정서와 사랑의 감정이 담긴 따뜻한 의미로 다가온다.

  부모님의 건강과 장수를 위해 남기기도 한다. 강화도에 위치한 집 담벼락에는 강녕康寧이라 적힌 한자를 볼 수 있다. 오랫동안 '강녕'을 기원했던 것이다. 부모님의 강녕과 가족의 건강과 장수는 지금도 우리가 바라는 마음이다. 집 담벼락에 적힌 강녕이라는 문구처럼 예나 지금이나 인류의 최대 관심사는 건강과 장수였다.

4. 문자 와당의 역사적 단서: 흉노 선우의 11자 문자 와당

나에게 11자 문자 와당이 주는 의미는 매우 크다. 그 이유는 2000년도부터 중국 고대 와당을 연구하면서 11자 문자 와당이 발견되지 않았음을 2005년 박사학위 논문에서도 밝힌 바 있었기 때문이다. 이후에도 11자 문자 와당을 주시하면서 와당 조사를 진행하고 있었지만, 출토되거나 개인이 소장하고 있다는 정보를 입수하지 못했다. 언젠가 중국 내에서 출토될 가능성만 기대하고 있었다.

  한대 문자 와당에서 11자 문자 와당의 의의는 한대 시기 유행한 문자 와당의 글자 수가 1자에서부터 12자 문자 와당이 모두 등장하는데, 11자 문자 와당만이 출토되지 않았기 때문이다. 앞에서도 이미 언급한 바와 같이 특정한 기물에 일률적으로 글자의 수가 나란히 열거되면서 등장하는 것은 문자 와당이 유일하다. 그래서 11자 문자 와당은 나에게 매우 특별했다.

그러던 중 2020년 7월 몽골 지역에서 한대식 와당이 출토되었다는 소식을 듣게 되었다. 경희대 강인욱 교수로부터 사진 한 장을 받는 순간 그때의 흥분과 놀람을 지금도 잊을 수가 없다. 명문이 있는 문자 와당이었기 때문이다. 명문을 살펴보니 '천자선우여천무극천만세天子單于與天無極千萬歲'로 이루어진 명문인데 글자의 수가 '11자'였던 것이다. 그동안 찾아다니던 11자 문자 와당이 몽골 지역에서 출토될 것이라고 상상하지 못했기 때문이다. 11자 문자 와당이 출토됨에 따라 한대 문자 와당의 글자의 수는 1자부터 시작하여 2자, 3자, 4자, 5자, 6자, 7자, 8자, 9자, 10자, 11자, 12자까지 모두 출토된 것이다. '11자 문자 와당'의 명문에는 '선우單于'라는 용어와 함께 '천자天子'라는 용어가 등장한다. 선우는 흉노의 왕을 칭하는 명칭으로 '천자선우天子單于'라는 문구가 확인됨에 따라 흉노 고고학계에서는 이곳이 선우의 궁전임을 확인하는 중요한 단서가 된다고 주장하고 있다. 더불어 선우의 궁전이 최초로 출토되었다는 사실에 학계에서는 큰 이슈와 함께 연구 대상이 될 것을 암시하고 있다. 선우와 연관된 문자 와당은 이미 내몽골 포두시에서 출토된 바 있지만, 명문의 내용은 '선우화친單于和親'과 '선우천강單于天降'의 사건과 기사를 알 수 있는 내용이며 중원에서도 흔히 볼 수 있는 4자 문구로 이루어져 있는 한대 후기의 와당이다.[22]

'11자 문자 와당'의 명문에는 '천자선우天子單于'라는 명칭이 등장한다. '하늘의 아들 선우'라는 것이다. '천자'라는 신분과 함께 '선우'라는 왕을 칭하는 용어가 함께 등장하는데 이러한 경우는 한대 문

글자 수	명문	와당	글자 수	명문	와당
1자	宮		7자	千秋萬歲 樂未央	
2자	千歲		8자	千秋萬歲 與地毋極	
3자	有萬憙		9자	延壽萬歲 常與天久長	
4자	千秋萬歲		10자	天子千秋萬歲 常樂未央[23]	
5자	鼎胡延壽宮		11자	天子單于與天 毋極千萬歲 (2020년 출토)	
6자	千金宜富貴當		12자	維天降靈延元 萬年天下康寧	

5장. 와당이 말하다 243

자 와당에서는 등장하지 않는다. 다시 말하면 중원 지역의 와당에는 '황제' 혹은 '천자' 등의 용어를 사용하지 않았다는 것이다. 그 이유는 와당의 사용 범위가 궁궐로 제한적이었기에 사용자의 명칭을 쓸 필요가 없었기 때문이다. 흉노의 왕을 '천자선우'라고 굳이 말할 필요가 있었을까 하는 의문과 함께 '하늘의 아들'이라고 유독 언급하는 명문의 내용은 중원의 와당 명문 체제와는 확연히 다르다는 것이다.

명문 '천자선우'의 제작연대는 한고조 전후로 흉노가 한 왕조보다 강한 힘을 가지던 시기로 추측된다. 한 왕조는 북방 흉노와의 관계에서 무력으로 대응하기 어려웠던 기원전 201년에서 기원전 199년 사이에 발생한 전투에서 한고조(기원전 206~기원전 195)는 백등산에서 포위된다. 연지에게 뇌물을 바치며 풀려나게 되었으며, 묵돌선우에게 매년 곡물과 비단을 연공年貢하는 조건으로[24] 화친정책을 체결하게 된다. 이러한 역사적 환경은 '천자선우'라는 용어가 등장하기에 충분한 상황이기도 했다. 그런데 문제는 이 시기에 북방에서 기와지붕으로 건축을 올려 사용했을 가능성에 대한 문제다. 와당을 사용하려면 여러 가지 조건이 있어야 한다. 먼저 와당 제작에 가장 중요한 많은 양의 흙이 필요하다. 또한 와당을 구울 가마터가 발견되지 않았는데, 그렇다고 중원에서 와당을 제작하여 가지고 갔을 가능성은 거의 불가능하다. 와당을 어떤 식으로 보급했는지 의문이 남는다. 와당을 사용하는 데 있어 제반되는 문제점이 남아 있지만, 흉노가 기와지붕으로 건축을 만들어 사용한 시점을 한고조 전후 시기로 비정한다면 그동안 문자 와당의 출현 시기가 무제武帝 전후에서 더 이른 시기가 될 수 있을 것이며, '11자 문자 와당'은 한대 문자 와당 가운데 가장 빠른 시기의 문자 와당이 될 수도 있을 것이다. 또한 호한야선우 이후 흉노가 쇠퇴하는 시기로 한 왕조와 대립되는 관계에서 흉노의 스타일대로 제작 사용했을 가능성이다. 흉노가 한 왕조에게 패하고 나서 스스로 '하늘의 아들'이라는 것을 과감하게 사용했다는 가능성 말이다. 대한제국 시기에도 황제의 명칭이 등장하는 것을 고려한다면 이 또한 불가능한 것은 아니다. 만일 호한야선우 이후에 사용된 건축군이라면 '11자 문자 와당'의 편년은 한대 후기에 해당한다. '11자 문자 와당'의 편년은 앞서 제시한 것처럼 한고조 시기거나 한원제 시기 중 하나로 편년이 가능하다는 결론을 얻을 수 있다. 흉노는 '천자선우'라는 명칭을 통해 '하늘의 아들 선우'임을 확연히 드러내고 있다. 이러한 점은 분명 중원에서 사용된 문자 와당의 명문 형식에 그 의도가 분명히 숨겨져 있다.

'11자 문자 와당'의 출토는 중국 고대 와당사에 있어서 매우 중요한 위치에 있다. 1930년대부터 와당 출토 이후 그동안 전혀 출토된 적 없었던 '11자 문자 와당'은 한 왕조 시기에 고의로 사용하지 않았을 것이다. 어떤 의도가 있었을 것이다. '11자 문자 와당'의 명문 형식이 중원과 다른 형식을 사용한 것에 대한 점을 종합적으로 고려해볼 때 '천자선우'는 편년을 비정하기 위해 아주 중요한 단서를 제공한다. 한고조가 백등산에서 포위되었던 사건을 고려할 때,

11자 문자 와당은 한대 초기 또는 조금 더 이른 시기의 와당일 가능성이 크다. 다시 말해, 흉노 세력이 쇠퇴하던 시기에 '천자'라는 표현을 사용했을 가능성은 매우 낮으며, 따라서 이 와당은 한고조 전후의 시기에 제작되었을 가능성이 높다.[25]

아직도 출토되지 않고 있는 문자 와당은 오랜 세월 동안 땅속에서 언젠가 세면에 노출될 날을 기다리고 있을 것이다. 한 글자의 흔적으로 문헌의 오류를 바로잡고, 역사를 고증하는 직접적인 단서를 제공할 수 있는 그 역할을 꾸준히 하게 될 것이다.

5. 와당과 어울리던 글자들

와당은 인문과 건축의 융합이다. 그래서 와당을 바라볼 때마다 매번 새로운 생각과 상상력을 하게 만든다. 인류는 흙을 다루는 능숙함을 바탕으로 토기 제작법에서 힌트를 얻어 와당을 만들었지만, 와당은 단순한 흙 작업에 그치지 않고 공간과 시간의 연속성을 만들어냈다. 2000여 년이 넘는 세월이 흘렀음에도 와당 문양은 우리에게 전통 미학의 정수를 전해준다. 특히 와당 문자에 나타난 예서, 초서, 전서 등 다양한 서체는 서예가들이 지친 마음에 활력을 주는 취미로도 이어져 왔다.

와당은 아시아 미학에서 몸과 마음의 이분법을 해체하며 감각을 통합적으로 이끌어내는 역할을 해주었다. 실용성을 추구하면서도 깊은 문화적 사고를 반영했던 와당은 결국 예술로 승화될 수밖에 없었다. 이것이 바로 아시아 건축의 미로서 와당이 말하고 있었던 것이다.

와당은 궁궐 건축에 국한하여 사용되었기 때문에, 이를 제작하는 와공들은 심도 깊은 고심과 정교한 기술을 요했다. 이러한 까닭에 와당 면에는 다양한 서체가 나타나게 되었는데, 그 결과 와당은 단순한 건축 부재를 넘어 상징적 의미를 지녔음을 반영하게 되었다. 한대에 이르러 와당은 그 전성기를 맞이했으며, 궁궐, 관청, 능묘 등에서 출토된 와당에서는 여러 서체가 발견된다. 이는 와당이 황실의 전유물로서 권위와 위엄을 상징하는 기물임을 분명히 보여준다. 한자의 기원인 갑골문은 상나라 왕실에서 점복을 위한 문자로 사용되었으며, 금문金文은 주나라 왕실의 청동기에서 사용된 문자다. 이들 문자는 한자 발전 과정의 중요한 과도기적 자료일 뿐 아니라, 왕실 전유의 성격을 지니고 있다는 점에서 문화사적·문자사적 의미가 크다. 같은 맥락으로 또 어떤 문자가 왕실 소유의 기물에만 적을 수 있었을까. 바로 와당 문자가 그러했다.

와당은 서주 시기부터 한대에 이르기까지 왕실 전유의 건축 부재로 사용되었다. 특히 문자 와당은 한대 시기에 처음 등장하여 약 400년 동안 전성기를 누렸으며, 이후 위진 시기부터 점차 그 흔적을 감추게 된다. 위진 시기 이후에는 와당이 왕실 소유를 벗어나 전국적으로 확산되어, 경제적 여유나 권력을 가진 개인이나 사찰 건립 시에도 자유롭게 제작·사용할 수 있게 되었다. 이 시기 와당 문자에는 주로 사찰의 명칭이나 제작 연도 등이 기록되었으며, 간혹 장수를 기원하는 문구가 나타나기도 했으나, 더 이상 왕실 전유의 상징은 아니었다.

갑골문과 금문, 그리고 와당은 모두 왕실 문자로서의 성격을 지녔으나, 그 역할과 의미에는 차이가 존재한다. 갑골문과 금문은 한자의 발전 과정에서 중요한 과도기적 문자로, 현재 우리가 사용하는 해서체의 전신이었는데, 갑골문에서 출발하여 금문, 전국문자, 예서, 그리고 해서체로 이르는 한자 변천 과정의 핵심 단계로 평가된다. 반면 와당 문자는 한자 변천 과정과 연관성이 없었으며, 오직 궁궐 건축에 사용된 문자에 한정되었다. 와당에 새겨진 글자체는 한자의 발전사와는 별개로 궁궐 내에서 특정 기능과 상징을 가진 문자로 존재했다.

와당 면에 글자를 시문하는 과정은 와당이라는 한정된 공간의 제약으로 인해 다양한 형태로 연출되었다. 와당의 공간적 특성으로 인해 글자는 변형되었고, 한대 문화가 반영된 문양과 문자가 자연스레 스며들었고, 와당의 내·외부 공간에 따라 글자 획의 형태 또한 변화했다. 한자의 획이 생략되거나 추가되는 현상 역시 빈번하게 나타났다. 이와 같은 변화는 한자의 전통적 변천 과정과는 무관하며, 오직 와당의 구조적 조건에 따른 미학적 변형에 기인한다. 따라서 와당을 올바로 이해하기 위해서는 단순히 실용적 측면만 생각하지 말고, 그 구조적·미학적 특성을 종합적으로 접근하는 것을 고려해야 한다.

고대 문자는 사용된 기물의 재료와 그것을 사용하는 이의 신분에 따라 글자체에 영향을 준다. 예컨대, 상나라 시기 왕과 신과의 대화를 기록한 갑골문은 거북 등껍질이나 짐승의 뼈에 새겨졌으며, 이는 왕권과 제사의 신성함을 상징했다. 왕족의 위엄을 찬양하기 위해 청동기에 새긴 금문金文 역시 권위와 영속성을 담은 기물 위에 쓰인 문자였다. 이후 전국 시대에는 왕의 권력이 약화되고 제후들이 부상하여 다양한 정치적·사상적 내용을 담은 내용들이 대두되면서, 주로 죽간이나 비단에 적힌 간백문자簡帛文字가 유행했다. 이러한 환경에서 사용된 글자체는 단순한 기록의 도구가 아니라, 기물의 재료나 사용자의 신분에 따라 영향을 주었던 문자 자료들이다. 와당 문자 또한 이러한 맥락 속에 있다. 한대 황실의 건축물에 사용된 와당은 단지 지붕을 장식하는 부속물이 아니라, 장생불사와 부귀영화를 기원하는 황실의 축복 문자, 다시 말해 일종의 '궁궐 문자'였다. 보통 지름 15~17센티미터의 원형으로 된 와당 안에는 글자와 문양이 정교하게 배치되어 마치 한 폭의 그림처럼 조형미를 자랑한다. 유약도 칠하지 않고, 색을 더하지도 않은 채 그저 흙을 구워 만든 재료 위에 문양과 글자만이 새겨졌을 뿐인데도, 그 자체로 강렬한 상징성과 미감을 드러내고 있다.

한대 와당에 문자 와당이 등장한 시기는 기원전으로 거슬러 올라간다. 중국 산시성 시안에서 출토된 문자 와당은 한대 초기의 것으로 비정하고 있다. 산시성 시안은 진시황이 중국을 통일하고(기원전 221~기원전 206) 도읍을 정하면서 진 왕조 황실로 15년간 유지되었던 곳이지만, 전한(기원전 206~기원후 25)과 후한(25~220) 모두 이곳은 국가의 행정 및 주요 핵심 도시로 발전했던 곳이기도 하다. 한 왕조가 들어선 이후, 이곳에서는 지속적인 토목공사로 새로운 궁궐과 관청들을 조성하게 된다. 한 왕조는 진대 시기에 사용된 궁궐을 보수하여 사용했으니, 중국 산시성 시안은 진시황이 중국을 통일한 이후 한 왕조가 멸망하기까지 많은 건축물이 세워진 곳이기도 하다. 이곳에서 많은 양의 와당이 출토되었다.

문자 와당은 원형이라는 한정된 공간 속에 글자의 수에 따라 배치해야 했기에, 중앙을 중심으로 구획을 나누면서 글자체에 변형이 생기게 된다. 와당이라는 형식이 만들어낸 독특한 변형, 다시 말해 '와당 문자'라는 독특한 글자를 만들어내게 된다. 다른 유물에서는 찾아볼 수 없는, 와당 문자에서만 나타나는 자연스러운 현상이었다. 와당 문자의 이와 같은 글자체의 변형은 결코 인위적인 것이 아니라, 그 자체로 매우 자연스러운 현상이었다. 문자라고 보기보다는 오히려 예술에 가깝다고 말하는 편이 더 적절할 것이다.

현장 조사를 나가 흙이 묻은 와당을 마주할 때마다, 나는 늘 와당의 아름다움을 느끼고, 마치 그 시대로 되돌아간 것 같은 감정, 그리고 흙 묻은 와당을 마주할 때의 첫 감정을 잊지 못한다. 여기서 찍어온 사진을 보여주면, 누구나 한결같이 "와, 너무 아름답다"라는 감탄을 터뜨린다. 그러나 진정으로 와당의 아름다움을 느끼기 위해서는 단지 조형적인 글자체만으로는 부족하다. 그 와당이 어떠한 공간에서, 어떤 마음으로 사용되었는지를 함께 알게 될 때,

비로소 와당은 그 시대 사람들의 삶과 염원을 온전히 전해준다고 할 수 있다.

와당 면에는 하고 싶은 말을 담대하게 새긴 이들이 보이고, 간절한 소망을 와당에 투영시킨 사람들의 마음이 보인다. 천하를 손에 넣고도 여전히 무언가를 갈구해야 했던 군주의 애틋한 흔적도, 모두 그 둥근 흙판 위에 고스란히 남아 있다. 나는 이것이야말로 인간의 가장 진솔한 마음을 표현한 와당 문자가 지닌 깊은 울림이라고 생각한다.

문자 와당에서는 문구의 내용에 어울리는 문양이 함께 등장한다. 이 과정에서는 와당 면에 따라 글자와 문양이 조화를 이루도록 설계하여 배치하게 된다. 와당 면에 글자와 문양이 시문되는 형식에 따라 조금씩 다른 방식으로 나타나기 때문에, 와당을 해독하려면 먼저 와당 면의 형식을 이해하는 것이 중요하다. 와당 면에 새겨진 글자는 단지 필법만으로 읽어낼 수 있는 것이 아니다. 글자의 배열 순서, 즉 읽는 방향 또한 핵심적인 해석의 열쇠가 된다. 문자 와당은 필법에 따라 글자에 섬세한 변화를 주었으며, 이는 한자의 획 하나하나에까지 영향을 미쳤다. 점을 하나 찍거나 빼는 일, 두 개의 글자를 하나처럼 합쳐 쓰는 방식, 글자와 문양을 함께 배치하며 조형적인 균형을 이루려 한 시도, 그리고 문자의 변화에 따라 문양이 함께 변형되는 경우까지, 이 모든 것이 와당의 조형미를 완성하기 위한 것이었다.

문구와 문양의 의미가 자연스럽게 어우러지도록 구성된 와당은

'천추만세(千秋萬世)' 문자 와당(중국 시안 진전한와박 '천추만세(千秋萬世)' 문자 와당(《秦漢》1317)
물관 소장)

단순한 건축 부재를 넘어, 심미적 감성과 예술적 의도를 담은 문자 예술의 결정체라 할 수 있다. 그 안에는 단어와 문양을 통해 이상을 표현하고, 기원을 담아낸 고대인의 정성과 미의식이 고스란히 녹아 있다.

《진한秦漢》1317에 수록된 와당의 중앙에는 거북 문양이 삽입되어 있다. 거북은 장수를 의미하는 길상이다. 문자의 내용도 천년만년 살고 싶어하는 장수의 의미인 '천추만세千秋萬世'가 시문되어 있다. 문양과 문자가 함께 어우러지도록 설계된 문자 와당이다.

길상적인 문구에 거북 문양이 등장하기도 하지만, 때로는 길조인 새와 함께 등장하기도 한다. 《진한秦漢》1246 와당은 구획선과 주연부(와당의 테두리)가 만나는 지점에 양 뿔의 문양인 양각문羊角文이 시문되어 있다. 양각문은 좌우를 대칭시켜 문자와 구획을 미화시켰

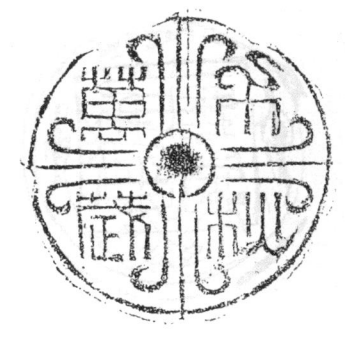

《秦漢》 1246　　　　　　　《秦漢》 1212

《秦漢》 1213　　　　　　　《秦漢》 1194

'천추만세(千秋萬歲)' 문자 와당

다. '천千' 자가 시작되는 첫 번째 필획은 새의 부리 모습으로 적었는데, 새의 모습으로 글자를 만들었던 문자 와당이다.

문자 와당 가운데 가장 자주 등장하는 문구는 단연 '천추만세千秋萬歲'다. 이 네 글자는 황실의 번영과 장구한 시간을 기원하는 의미이기에 한 왕조가 유지되는 동안 자주 쓰였던 문구다. 흥미로운 점은 이 문구가 반복적으로 사용되었음에도, 형태와 배열, 필획에 있어 그 표현 방식이 매우 다양하게 나타난다는 점이다. 와당의 크기와 형태, 문양과의 조화를 고려하면서 글자 하나하나에 미묘한 변화를 주었기 때문이다.

이러한 다양한 글자 변형은 단지 기술적인 선택이 아니라, 문자를 제작한 와공들이 갖고 있던 문자에 대한 이해와 감각, 조형적 창의성을 보여주는 증거기도 하다. 일정한 틀 속에서도 표현의 자유를 발휘했던 그들의 솜씨는 단순한 기능공을 넘어 문자와 조형에 대한 섬세한 미의식을 지닌 장인으로서의 면모를 엿보게 한다.

한대에는 관가에서 사용했던 관방 서체인 예서가 본격적으로 사용되기 시작한다. 그러나 와당 문자에는 예서보다 전서가 더 많이 등장하고 있다. 그런데 전서에서 예서로 변화되는 과정에서 획의 변화가 발생하는 '예변' 현상이 있는데, 마찬가지로 문자 와당에서 그 흔적이 보인다.

한무제(기원전 141~기원전 87) 시기는 중국 고대 와당 최고의 전성기였다. 이 시기에는 문양 와당을 비롯하여 문자 와당도 함께 유행한다. 한무제 시기의 와당은 우리나라 와당사에 있어서 매우 중요한 시기로, 한무제가 평양 일대에 사군을 설치하면서 와당 문화가 우리나라에 전래되어왔다. 낙랑 지역에서 출토된 '낙랑예관樂浪禮官'과 '낙랑부귀樂琅富貴' 와당은 글자체가 전서와 예서로 되어 있어 우리나라 와당의 역사를 이해하는 중요한 자료가 된다. 국립중앙박물관, 유금와당와박물관, 도쿄국립박물관에 소장되어 있다. 산시성

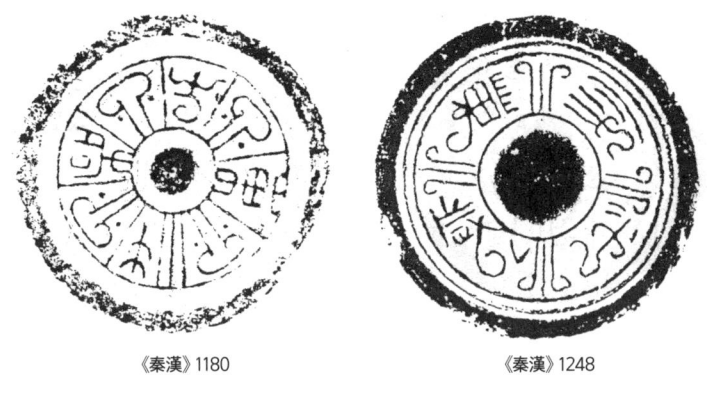

《秦漢》1180　　　　《秦漢》1248

《秦漢》1209

'천추만세(千秋萬歲)' 명문과 구름 문양이 함께 등장

에서 출토된 한대 와당과 비교해보면 글자체와 와당의 형식이 유사하여, 기원전 108년 한사군 시기에 한대 와당 문화가 우리나라에 영향을 주었다는 사실을 알 수 있다.

'낙랑부귀樂浪富貴' 와당은 원형 안에서 글자의 변화를 주었다. 이 과정에서 '귀貴' 자는 간소화된 글자체를 만들게 된다. '낙랑예관樂浪

낙랑부귀(樂浪富貴)(유금와당박물관 소장)

낙랑예관(樂浪禮官)(유금와당박물관 소장)

'禮官' 문자 와당은 문양과 글자체의 완성도에 있어 매우 아름다운 와당 중 하나로 꼽힌다. 글자체는 전서와 예서로 이루어졌는데 '랑浪' 자의 부수 '수水'의 형식이 매우 독특하다. 일반적인 'ㆀ'의 전서와 다르며, 전서에서 예서로 변하는 과정에 등장한 예변 현상으로 처리되어 있다. 와당 문자에 글자가 이렇게 등장하는 이유는 와당의 내외적 구조로 인한 글자의 자율성이 있었기 때문이다. 그러니 얼마나 다양한 필획으로 글자를 적으려 했을까 짐작된다. 결과적으로 문자 와당은 명문의 내용, 글자체, 글자의 형태는 구조적인 부분에 있어 고대 문자를 연구하는 연구자와 전각과 서예를 전공하는 연구자들에게는 매우 흥미로운 소재가 될 수밖에 없었다.

두 글자를 한 글자로 표기하는 합문合文과 필획을 반대로 쓰는 경우도 있는데, 글자를 반대로 쓴다고 해서 반서反書라고 한다. 와당의 구조적인 영향으로 초래된 결과다. 글자 사이사이의 조화와 글자와 문양의 조화는 당시 와당을 사용한 사람들이 권력층이었다는 것을 금방 알게 해준다.

와당 문자의 특징답게 자유롭게 글자를 변화시킬 수 있었다. 궁궐의 처마 장식을 담당했던 와당은 겉으로 보기에는 건축물의 여러 부속품 가운데 하나의 작은 역할에 불과하다. 하지만 그 속에는 인류의 염원이 담겨 있고, 사상이 담겨 있고, 예술이 담겨 있다. 행복을 바라고, 장수를 바라고, 기쁨을 바라던 마음을 적고 있었다. 때로는 흉노족의 세력이 약화되고 있는 점을 언급하기도 했으며, 기와를 훔쳐 가면 사형에 처한다는 경고도 남겼다. 와당에는 화려한 문양과 함께 그들이 말하고 싶어 했던 내용을 다양한 글자체로 자유롭게 말하고 있었다.

문자 와당은 글자의 수가 많아도 장수를 기원하는 소망은 변함이 없었다.

천추만세(千秋萬歲)(중국 시안 진전한와박물관 소장)

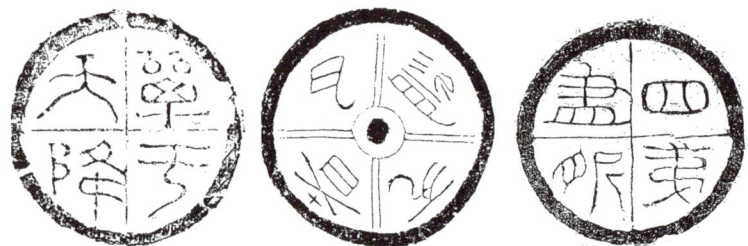

선우천강(單于天降)《秦漢》981   도와자사(盜瓦者死)《秦漢》973   사이진복(四夷盡服)《秦漢》984

장수하며 오래도록 그리워하는 마음이 이어지고자 하는 마음(延壽長相思)

천년만년 즐거움은 끝이 없기를 바라는 마음(千秋萬歲樂未央)

끝없이 펼쳐진 땅처럼 천년만년 살고 싶은 마음(千秋萬歲與地母極)

하늘이 신령을 내려주시고, 덕이 만 년토록 이어지고 싶은 마음(維天降靈延元萬年天下康寧)

전서는 장방형의 예서와는 달리 예술성이 강하고 장식성이 풍부한 특징이 있다. 전서가 예술성이 강하다 보니 와당 공간의 구조에

우양궁에 사는 사람의 장수를 바라는 '우양천추(羽陽千秋)'(중국 시안 진전한와박물관 소장)   자자손손 화목을 바라는 '대의자손(大宜子孫)' (중국 산시성역사박물관 소장)

즐거움이 영원하길 바라는 '장락미앙(長樂未央)'(중국 시안 진전한와박물관 소장)

따라 변형을 주게 되면서 글자체는 예술의 미가 강하게 나타나고 있다. 그래서 문자 와당의 글자체는 대부분 전서를 사용한다.

  진시황은 중국을 통일한 후 상소문이 증가함에 따라 서사의 편리를 위하여 전문篆文(전서체의 이전 형식)의 원형(圓轉)의 필획을 장방형의 형태로 바꾸려 했다. 이것이 예서의 기원인데, 초기 예서를 옛예서(古隸) 혹은 진예서(秦隸)라고 한다. 본격적으로 예서가 등장한 시기는 서한 중기 이후에서야 비로소 널리 보급되기 시작한다. 예서

즐거움과 장수를 바라는 '장락만세 (長樂萬歲)' 예서(중국 시안 진전한와 박물관 소장)

천년만년 부귀를 바라는 '천만세부 귀의자손(千萬歲富貴宜子孫)' 예서 (중국 시안 진전한와박물관 소장)

사이(四夷, 중국 변방)를 모두 굴복 시킴을 기록한 '사이진복(四夷盡服)' 예서(중국 시안 진전한와박물관 소장)

해마다 수명을 이어가고 싶어하는 '연년익수(延年益壽)' 예서(중국 시안 진전한와박물관 소장)

천년만년 오래살고 싶어하는 '춘추 만세(千秋萬世)' 예서 (중국 시안 진 전한와박물관 소장)

의 보급이 시작되면서 예서는 정부의 정식문자로 채택된다. 이 시기에 정착된 예서를 진예서와 구별하기 위하여 한예漢隸라고 부르게 된다. 한예는 서한 중기에 정식 서체로 보급되었는데, 지금의 예서는 이렇게 만들어진 것이다. 오늘날 표준 한자체인 해서의 전신이 된 서체다. 예서의 기원에 관해서는 의견이 분분하지만, 반고班固의 《한서예문지漢書藝文志》와 《설문해자. 서》에 예서에 관한 내용이 등장한다.[26]

주장총당(酒張冢當)(《秦漢》1422)   천추리군(千秋利君)(《秦漢》1316)   경치양릉(涇置陽陵)(《秦漢》1427)

천추리군(千秋利君)(중국 베이징 고 도문명박물관 소장)   대리부귀(大利富貴)(중국 시안 진전 한와박물관 소장)

 예서는 전서처럼 둥근 원형의 필획이 없어 와당에서 사용할 경우 비교적 쉽고 간편하게 쓸 수 있었던 장점이었다. 예서가 문자 와당에 상당수 등장한 것으로 보아 어느 정도 유행되고 있었던 글자체인 것을 짐작할 수 있다. 예서는 전서의 둥근 필획에서 서서히 분리되기 시작하면서 간소화된다. 예서가 사용되기 시작하면서는 투박한 둥근 선의 형태는 오히려 다양한 선의 구조로 변화되었다. 많은 서예가가 애호하는 예서는 전서보다 어쩌면 더 풍부한 선線의 미가

□□당왕(□□當王)(중국 시안 진전한와박물관 소장)

있을 것이다.

　문자 와당에는 예변 현상도 발견된다. 진시황이 문자를 통일한 글자로 전해지는 소전은 예서로 변화되는 과정에서 글자 일부가 변형된다. 소전의 일부 획의 변화가 예서화되는 현상을 예변이라 한다. 한대 문자 와당에서 '익益', '이利', '주酒', '경涇' 글자의 '皿', '刀', '水'의 일부에서 예변 현상이 등장하고 있다.

　해서는 예서 다음으로 등장하는 한자의 변천 과정에서 가장 마지막 단계의 글자체다. 글자가 반듯하고 모범적이라고 해서 해서楷書라는 명칭을 붙인다. 오늘날 우리가 사용하는 한자가 여기에 해당한다. 한대 와당에는 해서도 등장하는데 그 수량은 전서에 비하여 상대적으로 적게 등장한다.

　두 글자를 하나로 표기하는 합문은 고문자에서 자주 보이는 현상 중 하나다. 와당의 구조로 인해 합문의 현상도 나타나고 있다.

　예술체는 춘추전국 시대 문자의 특징 중 하나다. 한자의 발생 변

안세(安世)와 탁본(중국 시안 진전한와박물관 소장, 《秦漢》863)

연년(延年)과 탁본(중국 시안 진전한와박물관 소장, 《秦漢》852)

화 과정 가운데 갑골문을 시작으로 청동기 기물의 금문에서 예서 와 해서에 이르기까지 다양한 글자체가 등장하는데, 이 가운데 예 술체는 한자의 발전 과정에서 등장하게 된 것이 아니라, 남방지역 을 중심으로 전서체에 예술화된 필법을 가미하여 만들어진 글자를 적는 방식 중 하나다.

예술체에 처음 관심을 가지게 된 것은 1934년으로, 연구 분야로서는 그리 오래된 일이 아니다. 그럼에도 예술체가 한자학 연구에서 중요한 위치를 차지하는 것은 춘추전국 시대 남방지역에서 주로 사용되었으며, 전국 시기 남방 글자체의 특징 중 하나기 때문이다. 예술체의 가장 큰 특징은 전서에 장식을 추가한다는 것이다. 전서에 장식을 추가하다 보니 장식의 추가 정도에 따라 글자를 해독하는 데 있어 어려운 점이 많다. 이러한 예술체를 조충서鳥蟲書라고 하는데, 조충서는 전서에 새나 곤충의 모습을 추가하여 만든 글자체로 주로 청동 병기, 악기, 예기 등의 기물에 글자를 새기거나, 새긴 글자에 금을 입히는 착금 방식을 사용한 경우도 많았다. 예술체는 조충서와 유사한 개념으로 사용될 수 있지만, 조충서가 글자에 새와 곤충의 형태를 강하게 덧붙이는 데 반해, 예술체는 반드시 새나 곤충의 형태가 아니더라도 글자의 형식을 기물의 용도와 상황에 맞게 장식적으로 변형하거나 꾸민 서체를 포괄하는 개념이다. 조충서나 예술체는 전서에 새나 곤충 또는 장식성이 강한 문양 등을 더하여 글자를 만들었기 때문에 풍부한 장식의 효과를 얻을 수 있다. 장식성이 강하기 때문에 예술체라는 명칭도 사용한다. 따라서 예술체라는 명칭이 조충서보다 더 넓은 범위에서 활용될 수 있다. 이러한 글자 형식은 춘추전국 시기부터 시작하여 한대까지 계속하여 유행하게 된다. 특히 한대에는 새인문자(혹은 도장문자), 와당 문자, 동경문자(청동거울)에 주로 사용이 된다.

   와당 문자는 원형의 제한된 공간 안에 글자를 배치해야 한다. 이러한 공간적 한계로 인해 글자를 안배하는 과정에서 형태의 변형이 발생할 수 있었으며, 따라서 공간의 제약이 와당 문자를 제작할 때 가장 먼저 고려해야 할 요소였을 것이다. 또한, 궁궐 건축이라는 특성상 다양한 서체의 활용이 가능했을 것으로 보인다. 다시 말해, 공간의 한계성이란 작은 원형의 중앙을 중심으로 문자를 배열해야 한다는 점이다. 이 과정에서 공간을 글자의 수에 맞게 구획하게 되면, 상단은 폭이 넓고 하단은 좁아지는 부채꼴 형태의 공간이 형성된다. 이 부채꼴 공간에서는 글자의 형태에 따라 획의 위치를 조정하거나, 경우에 따라 글자 전체의 위치를 이동시켜야 하는 상황도 발생한다. 이러한 공간적 제약은 와당 문자의 해독 방식에도 영향을 미쳤다. 동일한 글자라도 어느 위치에 배치되었는지에 따라 해독이 달라지는 경우가 있었던 것이다. 이러한 점이 와당 문자의 주요 특징 중 하나라 할 수 있다.

사용자의 신분 또한 중요한 요소로 작용했다. 와당은 왕실에서만 사용된 건축물에 사용되었기에 글자의 형식에 따른 규제가 없었다. 또한 와당 문자를 애써 읽을 필요도 없었으며, 글자처럼 보이지 않아도 상관없었을 것이다. 오로지 그들이 중요하게 생각했던 부분은 사용 공간에 대한 제한과 문구의 내용이었을 것이다. 그래서 글자체에 대한 엄격한 규제도 없었던 것이라고 추측된다.

와당은 외형적인 변화가 없었던 대신 문자로 등장하는 용어에는 조금씩 차이가 있었다. '만세萬歲'는 왕이 머무는 건축물에서만 사용했으며, '천추千秋'는 동궁이나 왕비, 후궁들이 머물렀던 건축물에서만 사용했다.

길조의 문양이 배치되면서 글자도 길조의 형태로 만들어진 '천추만세(千秋萬歲)' 문자 와당(중국 시안 진전한와박물관 소장)

곤충의 모양과도 같고 구름 문양과도 같은 '영수가복(永受嘉福)' 문자 와당(중국 시안 진전한와박물관 소장)

    와당의 내외적 구조에 따른 글자체의 변화는 와당 면에 글자를 안배하는 방식에 있어 단순히 문자의 기록이 아닌 세계관과 생각을 적어낼 수 있었다. 당시 그들이 생각한 부분에 대한 문구를 적게 되면서 글자에도 많은 변화를 주게 되었고, 결과적으로 와당 문자는 와당과 어울리는 다양한 글자체들이 등장하게 된 것이다.

    와당의 내외적 구조에 따른 글자체의 변화는 단순히 문자를 기록하는 차원을 넘어, 당시의 세계관과 사유를 표현하는 수단으로 기능했다. 당시 사람들은 자신들이 생각하는 바를 와당 면에 담으면서, 그 내용에 맞게 글자 형태에도 다양한 변화를 주었다. 이러한 과정을 통해 와당 문자는 와당의 형식과 조화를 이루는 다양한 서체가 등장할 수 있었던 것이다. 문자 와당에서 사용된 글자체는 와당의 좁은 공간적 한계도 뛰어넘었다. 이러한 글자체의 변형을 통해 추정할 수 있는 것은 와당이라는 건축 재료의 부속품에 당시의

'이(李)' 자 와당(중국 시안 진전한와박물관 소장)　　'금(金)' 자 와당(중국 시안 진전한와박물관 소장)

문화와 사상을 복합적으로 반영하여 완성된 서체였다는 점이다. 특히 사대부의 가옥에서도 사용이 엄격히 금지되었던 길상의 와당은 궁궐 건축에서만 허용되어 그 권위와 화려함을 한층 더 부각시켰다.

후한 시기에 이르러서 사대부 가옥에도 와당을 조금씩 사용하게 되었는데, 길상의 내용은 등장하지 않고 성씨 정도만 등장한다.

와당은 한대 황실의 전유물로, 비록 글자의 의미와 뜻은 명확하게 담겨 있지만 반드시 읽어낼 필요는 없었다. 마치 오늘날 불교에서 입춘이 되면 '입춘대길立春大吉' 부적을 붙여 새해의 평안을 기원하는 형식과 유사하다.

또한 불교에서는 삼재가 들면 부적을 지니기도 하는데, 이때에도 부적의 내용을 일일이 읽어내려 하기보다는 그 상징적 효력을 중시한다. 마찬가지로 당시 와당에 새겨진 예술체 문구 또한 반드시 해

천추만세(千秋萬歲)(중국 시안 진전한와박물관 소장)

석하려는 목적이 아니었으며, 중요한 것은 한 왕조가 길상과 장수를 기원하고 권력의 지속을 염원하고 있었다는 점이었다. 결국, 권력의 영속을 바라는 메시지를 와당에 새겨 표현하고자 했던 것이라 할 수 있다.

와당의 중앙을 중심으로 양뿔 문양(양각 구름 문양)이 배치되어 있다. 구름 문양은 고대에서 상서로운 문양의 하나로, 양뿔 형태로 구름 문양을 구획선으로 이어 공간을 구획했다. 이렇게 양각 구름 문양 형식에 따라 '천千' 자와 '추秋' 자의 '禾' 부분이 문양의 형태에 맞춰 함께 변형되었다. 이처럼 와당의 내부 구조로 인해 글자에 예술적 요소가 더해지는 것은 문자 와당에서 흔히 볼 수 있는 특징이었다.

문자 와당은 문양 와당과는 다르게 그 시대의 문화를 직접적으로 표현해주고 있다. 구름 문양, 새 문양, 태양 문양, 식물 문양 등은 모두 길상적인 의미가 있다. 길상 문구는 문자 와당의 70퍼센트 이상 차지하고 있다. 와당 문화에 있어 길상의는 가장 중요한 핵심이었다. 특히 구름 문양의 경우는 시간이 지나면서 다양한 형태로 변화되면서 오늘날 정착하게 된다. 고궁이나 전통 문양 컬렉션에서 빼놓을 수 없는 것이 구름 문양이다. 경복궁과 창덕궁의 와당 문양은 봉황 문양과 구름 문양 그리고 '수$_壽$' 자의 변형된 문자, '희$_喜$' 자 등이 등장하고 있다. 전통 복식에서도 구름을 활용한 문양이 다양하게 등장하고 있다. 와당이 처음 등장한 초기에서 현재까지 구름 문양의 역사는 아주 오랜 세월 인류가 좋아했던 문양이었다. 우리에게는 친숙한 문양이었다. 그 의미가 길상적 의미로 지금까지 많은 사랑을 받게 되는 것이다.

문자 와당에는 길상의 도안과 길상의 내용이 함께 등장한다. 공간에 머무는 사람의 마음을 읽어내 주기 위해 길상적 내용을 모두 담아 문양과 문자를 함께 사용했던 배려심이 보이는 부분이라 할 수 있다.

와당은 주거 문화에 대한 또 다른 이해를 하게 만든다. 전통 건축학의 구조적 미를 통해 와당 문자를 이해하면 아시아 내면의 미학을 찾을 수 있게 된다. 문자 와당에서 글자의 미학이란, 서체로 보기 어려운 글자 현상을 의미할 것이다. 글자의 미학도 와당의 구조적인 문제와 연관성이 깊다. 원형 안에서 한 글자 한 글자 넣는 과정에서 글자의 수에 따라 글자체가 변화되면서 와당의 면을 채우게 된다. 문양이 함께 있는 경우는 문양과 문구를 연결시켜 공간을 기억하려고 했다. 그 때문에 문자 와당은 단순히 서체의 한 종류가 아니라 공간에 대한 기억을 하고 싶었던 의미가 짙었다. 그러므로 와당을 통해 단순히 문자만을 해독하려 하기보다 먼저 와당의 구조를 이해하고, 그 공간을 점유하며 머물렀던 사람들을 기억해야 하며 그들이 왜 그 공간을 지배하고자 했는지를 생각해야 한다. 여기에는 분명 많은 함축적 의미를 부여하고 있을 것이다. 와당 문자는 이러한 복합적인 의미를 함축하면서, 글자 속 미학적 요소를 의도적으로 담아내려 했다. 읽을 수 있는 글씨인지, 읽을 수 없는 글씨인지 모호하게 만들어, 단순한 해독 이상의 상징성과 권위, 그리고 예술적 감각을 동시에 전달하고자 한 것이다.

 와당 문자에서는 오래도록 살아가고 싶어하던 이들의 마음이 고스란히 읽힌다. 길상 문구와 길상 문양이 함께 등장하는 것을 보면, 화려한 궁궐 건축을 누리며 장수를 기원했던 사람들의 모습이 그려지는 듯하다. 아름답고 화려한 궁궐의 건축을 소유하면서 오래 살고 싶어하는 마음을 기록으로 표현하고 있었다. 그것은 단순한 문양이나 문자가 아닌 아시아의 미학이며, 아시아 건축의 미였다. 와당은 삶의 목표와 희망을 새기게 했으며, 인간 존재가 결국 한계를 가질 수밖에 없음을 깨닫게 하는 조형적 기록이기도 했다.

감사의 말

25년 동안 중국 고대 와당과 마주하며 연구하면서, 늘 가슴속에 맴도는 말이 있다. "다음에도 나에게 어떤 길을 걸을지 묻는다면, 나는 다시 중국 고대 와당을 연구하는 학자가 되겠다."

학자의 길을 걸을 수 있도록 아낌없는 사랑과 응원을 보내주신 나의 어머니, 아버지께 진심으로 감사드리며, 그 마음을 늘 기억할 것이다. 연구자로 성장할 수 있도록 늘 따뜻하게 길을 잡아 주신 지도교수 쉬탄훼이許錟輝 선생님, 예궈량葉國良 선생님, 박사후 지도교수 박흥수 선생님께 깊은 존경과 감사를 드린다. 엄마의 늦은 연구 활동에도 투덜대지 않던 아이, 이제 어른이 된 사랑하는 딸 세인에게도 항상 감사한 마음이 함께 있다.

현지 자료 조사 과정에서 아낌없는 협조와 소중한 조언을 주신 중국 북경사회과학원 리우칭쥬劉慶柱 선생님, 남경대학 허윈아오賀雲翱 선생님, 길림대학 송위빈宋玉彬 선생님, 서안진전한와박물관 부관장 왕징핑王京平 선생님께도 깊은 감사를 드린다. 언제나 와당 연구를 위한 적극적인 협조 덕분에 오랜 시간 와당에 대한 애정을 이어갈 수 있었다.

  연구 여정 내내 격려와 칭찬을 아끼지 않으신 안산대학교 윤동렬 총장님, 유금와당박물관 유창종 관장님, 동곡뮤지엄 김대환 관장님, 국립민속박물관 정연학 선생님, 공병석 선배님께도 존경과 깊은 감사를 드린다. 또한 인문 교양서 출판을 지원해 주신 아모레퍼시픽재단과 도서출판 책과함께 류종필 대표님, 그리고 충분치 않은 시간에 부족한 원고를 꼼꼼히 살펴주신 노민정, 김현대 선생님과 편집부 선생님들께 진심으로 감사함을 전한다.

주

1장 공간의 기억
1 許愼, 《說文解字》, 644쪽.

2장 처마 밑에서 부르는 소리
1 田亞岐, 孫周勇, 《考古陝西》, 陝西人民出版社, 2016: 3.
2 陳根遠, 朱思紅, 《屋檐上的藝術》, 28쪽.
3 《說文·竹部》: "筒, 通簫也." 段注: '漢章帝記': 吹洞簫. 또 단옥재 설명에 의하면 '所謂洞簫也, 廣雅云: 大者二十三管無底者也, … 洞者通也, 簫之無底者也'라 했다. 《說文》이란 동한 허신이 쓴 중국 최초의 자전. 원명은 《說文解字》다. 한대 통용된 한자 9353자가 수록되어 있으며, 540부수로 나누고 있다.
4 《說文·瓦部》: 瓦, 土器已火燒之總名.
5 "堂谿公謂昭侯曰: '今有千金之玉卮而無當, 可以盛水乎?'": 王先愼, 《韓非子集解》, 中華書局, 1998.
6 "無當之玉碗, 不如全用之埏埴": 楊明照, 《抱朴子外編校箋》, 中華書局, 1992.
7 '당(當)'과 '당(擋)'은 같은 글자로 서로 통용하여 사용된다.
8 陳明達, 《秦漢瓦當圖》, 1972: 7. 陳直, 〈秦漢瓦當概述〉, 《文物》 11期, 1963.

3장 토목공사의 시작
1 김동욱, 《한국 건축의 역사》, 기문당, 2007, 13~14쪽.
2 송호산, 《건축구조 디자인의 세계》, 기문당, 2003, 17~20쪽.
3 후지모리 데루노부, 한은미 옮김, 《인문학으로 읽는 건축이야기》, 이순, 81~82쪽.
4 中文大辭典 (三), 臺灣: 中國文化大學校出版部, 1993: 1173.
5 札橅, 天子丹, 諸侯黝, 大夫蒼, 士黃主.
6 유돈정, 《중국고대건축사》, 세진사, 2004, 45쪽.
7 위의 책, 91쪽.
8 위의 책, 93쪽.

4장 문양을 그리다
1 정연학, 《한중 두 나라의 문과 상징》, 시월, 2009, 216쪽.
2 '山有扶蘇, 濕有荷花.'
3 '有蒲與蓮.'

4   '荷, 芙渠, … 其實蓮.'
5   "集芙蓉以爲裳"
6   "因芙蓉而爲媒"
7   '江南可菜蓮, 蓮葉何田田. 魚戱蓮葉西, 魚戱蓮葉南, 魚戱蓮葉北.'
8   '乘月采芙蓉,夜夜得蓮子.'
9   '舟漂汛似散蓮花.'
10 '余有蓮花一池, 愛之如金.'
11 연화를 태양과 비유하는 것은 연화문의 초보 단계에서도 나타나고 있다. 특히 와당이나 전돌의 연화문은 태양의 원동력을 표현하는 중심을 기준으로 문양대를 형성하고 있다. 허선영, 《漢代瓦當硏究》, 國立臺灣大學 中國硏究所博士學位論文, 2005, 67~68쪽 탁본 참조.
12 허선영, 〈고대 한중 인동 당초문양의 명칭과 형태의 재고〉, 《동아시아고대학》 제18집, 동아시아고대학회, 2008.
13 위의 글.
14 沈利華, 錢玉蓮, 《中國吉祥文化》, 內蒙古人民出版社, 2005: 446; 허선영, 〈한대 길상명문 와당과 길상문양과의 상관성 연구: 雲紋, 瑞鳥, 樹木을 중심으로〉, 《동아시아고대학》 제22호, 2010.8.
15 동중서[지음], 신정근 옮김, 《춘추 역사해석학: 동중서의 春秋繁露》, 태학사, 2006, 183~214, 351~365쪽.
16 劉上義, 《西北大學藏瓦選集》, 西北大學出版社, 연도 불명, 약칭 《西北》.
17 傅嘉儀, 《秦漢瓦當》, 약칭 《秦漢》.
18 李振球, 〈文猶質也, 吉祥止止: 論中國民族建築中的吉祥紋樣的特徵〉, 《美術硏究》 1994年 第1期; 陳根遠, 朱思紅, 《屋檐上的藝術》, 99쪽.
19 정연학, 앞의 책, 99쪽.
20 《商周靑銅器紋飾》, 10쪽.
21 《通假大字典》, 888~889쪽.
22 정연학, 앞의 책, 114~116쪽.
23 陳直, 〈秦漢瓦當槪述〉, 《文物》 1963年 第11期.

5장 와당이 말하다

1   와당은 목조건축을 자연재해로부터 보호하고자 하는 목적으로 발명되었지만, 시대가 변하면서 실용성과 더불어 당대의 문화적 함의가 농축되어 있다. 따라서 와당 문화는 '궁궐의 물질문화'로 보아야 할 것이다.
2   문자 와당의 출현 시기는 재야와 강단에서 세 가지 설이 존재한다. 산둥 임치에서 발견된 '제(齊)'자 와당으로 전국 시기 제나라에서 등장했다는 것과 아방궁 유적에서 등장한 12자 문자 와당으로 진나라의 것으로 보는 견해 그리고 한대 문자 와당이 유행함에 따라 한대 시기에 등장했다고 보는 견해다. 임치에서 출토된 '제(齊)'자 와당이 제나라

와당이라는 근거는 주로 재야에서 보는 견해다. 그리고 후자의 두 가지 주장은 강단에서 존재하는 설이다. 그러나 12자 와당의 출현이 아방궁에서 출토되었다고 진대 시기로 비정하는 것은 무리가 있다. 그 이유는 12자 와당의 발굴보고서가 현재까지 존재하지 않으며, '채집'으로 표기되어 있어 출토 현황에 대한 근거가 부족하기 때문이다. 필자가 힘을 싣고 있는 견해는 세 번째 한대 시기인데 그 이유는 1970년대 이후 발굴보고서와 실견을 통한 와당의 제작 방법 등 그 근거가 정확하다고 할 수 있기 때문이다. 문자 와당의 출현 시기에 관하여는 허선영, 〈維天降靈延元萬年天下康寧瓦當의 編年再考察〉, 2011, 《중국언어연구》 제35집 참조.

3 《中國都城辭典》, 713쪽.
4 《中國都城辭典》, 712~713쪽.
5 趙叢蒼, 《古代瓦當》 114쪽; 趙叢蒼, 〈成山考〉, 《陳直先生紀念文集》, 172쪽.
6 《秦漢文化史大辭典》, 697쪽.
7 "有黃山宮, 孝惠二年起."
8 "北繞黃山, 濱渭而東, 周袤數百里."
9 《秦漢瓦當文字》 약칭《程寒漢》, 《中國瓦當藝術》 약칭《藝術》 등 고석하기를 '有萬意'라 했다.
10 《陝西古代塼瓦圖典》 약칭《陝瓦》, 《中國古代瓦當圖典》 약칭《圖典》, 《西北大學藏瓦選集》 약칭《西北》에서는 '萬有意'로 고석했다.
11 宗鳴安, 《漢代文字考釋與欣賞》에서는 서한 초기로 보고 있다.
12 13경이란 한나라에서 송나라에 이르기까지 유가(儒家) 사상의 근간을 이루는 경전으로 《시경》, 《서경》, 《역경》, 《예기》, 《춘추좌씨전》, 《춘추공양전》, 《춘추곡량전》, 《논어》, 《맹자》, 《효경》, 《이아》, 《주례》, 《의례》의 유교 경전 13부를 의미한다.
13 孔穎達等(唐), 《十三經注疏》, 臺北: 藝文印書館, 1993: 178.
14 "未央宮周回二十八里, 前殿東西五十丈, 深十五丈, 高三十五丈. … 金鋪玉戶, 華榱璧璫, 雕楹玉碣 … 黃金爲壁帶, 間以和氏珍玉, 風至, 其聲玲瓏然." 畢沅(淸), 《三輔黃圖》, 成文出版社, 1970: 38.
15 傅嘉儀, 《秦漢瓦當》, 陝西旅遊出版社, 1999; 허선영, 《중국고대와당연구》, 학연출판사, 2014, 227쪽; 허선영, 〈100여 년의 여정: 千秋萬歲 문자와당〉, 《중국언어연구》 제78집, 2018.10.
16 신정근의 《춘추 역사해석학: 동중서의 春秋繁露》에서는 왕의 보좌하기 위하여 선발하는 과정을 천상계를 모방한 것으로 설명하고 있다.
17 《莊子·齊物論》: "參萬歲而一成純, 萬物盡然." 郭象(晉), 陸德明釋文(唐), 《莊子集解》, 臺灣: 中華書局, 1969: 57~58.
18 《太極圖說》: "無極而太極, 太極動而生陽太, 動極而靜動, 靜而生陰精 … 陰陽一太極, 太極本無極也太."
19 "秦武公作羽陽宮, 在鳳翔·寶雞縣界, 歲久不可究知其處. 元祐六年正月, 直縣門之東百步, 居民權氏浚池得古銅瓦五, 皆破, 獨一瓦完, 面徑四寸四分, 瓦面隱起四字, 曰 '羽陽千秋'."
20 《抱朴子·內篇》 卷三: "千歲之鳥, 萬歲之禽, 皆人面而鳥身, 壽亦如其名."

21 허선영, 《중국 한대 와당의 명문연구》, 민속원, 2007, 33~35쪽.
22 허선영, 〈내몽고 포두시(包頭市) 출토 한대 문자와당 편년 및 특징〉, 《중국연구》 제84권, 2020.
23 '天子千秋萬歲常樂未央' 와당은 10자 명문으로 러시아 바이칼호 부근에서 출토되었으며, 현재 출토된 10자 와당 가운데 유일한 와당이다. 중원에서는 등장하지 않는 '천자(天子)'라는 용어가 언급되고 있다.
24 《漢書·卷九十四上, 匈奴傳六十四》: "漢亦引兵罷, 使劉敬結和親之約", 1995: 3754.
25 허선영, 〈흉노 용성 출토 '한대 11자문자와당'의 의의〉, 《지방사와 지방문화》 제24권 2호, 2021.11.
26 班固, 《漢書. 藝文志》: "是時始造隸書矣, 起於關獄多事, 苟趨省易, 施之於徒隸也"; 許慎 《說文解字. 序》: "是時秦燒滅經書, 滌除舊典, 大發吏卒, 興戍役, 官獄職務繁, 初有隸書, 以趣約易, 而古文由此絕矣."

참고문헌

국내 논문
허선영, 〈고대 한중 인동 당초 문양의 명칭과 형태의 재고〉, 《동아시아고대학》제18집, 동아시아고대학회, 2008
허선영, 〈내몽고 포두시(包頭市) 출토 한대 문자와당 편년 및 특징〉, 《중국연구》제84권, 2020
허선영, 〈100여 년의 여정-千秋萬歲 문자와당〉, 《중국언어연구》제78집, 2018. 10
허선영, 〈維天降靈延元萬年天下康寧瓦當의 編年再考察〉, 《중국언어연구》제35집, 2011
허선영, 〈한대 길상명문 와당과 길상문양과의 상관성 연구-雲紋, 瑞鳥, 樹木을 중심으로〉, 《동아시아고대학》제22집, 동아시아고대학회, 2010
허선영, 〈漢代雲紋瓦當의 編年硏究〉, 《중국사연구》42집, 중국사연구회, 2006
허선영, 〈흉노 용성 출토 '한대 11자문자와당'의 의의〉, 《지방사와 지방문화》제24권 2호, 2021. 11

국외 논문
蘆建華, 〈雲紋瓦當與秦漢建築思想〉, 《文博》第6期, 2001
李振球, 〈文猶質也, 吉祥止止-論中國民族建築中的吉祥紋樣的特徵〉, 《美術研究》1994年 第1期
錢國祥, 〈雲紋瓦當在洛陽地區的發展與演變〉, 《中原文物》第5期, 2000
趙叢蒼, 〈成山考〉, 陝西:《陳直先生紀念文集》, 冠建出版社, 1993
陳直, 〈秦漢瓦當槪述〉, 《文物》1963年 第11期
許仙瑛, 《先秦鳥蟲書研究》, 台北: 國立台灣師範大學 國文研究所碩士論文, 1999
許仙瑛, 《漢代瓦當研究》, 台北: 國立台灣大學 中國文學國文研究所博士論文, 2005

국내 저서
김동욱, 《한국 건축의 역사》, 기문당, 2007
동중서[지음], 신정근 옮김, 《춘추 역사해석학: 동중서의 春秋繁露》, 태학사, 2006
송호산, 《건축구조 디자인의 세계》, 기문당, 2002
유돈정, 《중국고대건축사》, 세진사, 2004
정연학, 《한중 두 나라의 문과 상징》, 시월, 2009
허선영, 《중국 한대 와당의 명문연구》, 민속원, 2007
허선영, 《중국고대 와당연구》, 학연출판사, 2014
후지모리 데루노부 지음, 한은미 옮김, 《인문학으로 읽는 건축이야기》, 이순, 2012

국외 저서

(唐)孔潁達等,《十三經注疏》, 台北: 藝文印書館, 1993
(宋)婁機 纂,《漢隷字源》, 北京: 北京大學圖書館藏善本.
(晉)郭象. (唐)陸德明釋文,《莊子集解》, 台北: 中華書局, 1969
(晉)杜預,《春秋經傳集解》, 上海: 上海古籍出版社, 1988
(清)孫詒讓,《周禮正義》, 北京: 中華書局, 1987
(清)畢沅 重校,《三輔黃圖》, 台北: 成文出版社 中國方志叢書, 1970
(漢)班 固撰. (唐)顔師古注,《漢書》, 北京: 中華書局, 1995
(漢)許慎撰. (清)段玉裁注,《說文解字》, 台北: 天工書局, 民國81年(1992)
《中文大辭典》, 臺灣: 中國文化大學校出版部, 1993
郭廉夫·丁濤,《中國紋樣辭典》, 天津, 天津教育出版社.
金建輝,《中國古代瓦當紋飾圖典》, 杭州: 浙江古籍出版社, 2009
傅嘉儀,《中國古代瓦當藝術》, 上海: 上海書店, 2002
傅嘉儀,《秦漢瓦當》, 西安: 陝西旅遊出版社, 1999
商子莊,《吉祥圖案識別圖鑑》, 廣東: 新世界出版社, 2009
徐桐柏,《商周青銅器紋飾》, 上海: 上海古籍出版社出版, 2012
沈利華·錢玉蓮,《中國吉祥文化》, 呼和浩特: 內蒙古人民出版社, 2005
楊力民,《中國古代瓦當藝術》, 上海: 上海人民出版社, 1986
楊明照,《抱朴子外篇校箋》, 北京: 中華書局, 1992
楊伯峻,《春秋左傳注》(修訂本), 北京: 中華書局, 1995
王先愼,《韓非子集解》, 北京:中華書局, 1998
王世昌,《陝西古代磚瓦圖典》, 西安: 三秦出版社, 2004
容庚·張維持,《殷周青銅器通論》, 北京: 科學出版社, 1958
劉士莪,《西北大學藏瓦選集》, 陝西: 西北大學出版社, 연도불명
伊藤滋,《秦漢瓦當文》, 東京: 金羊社, 1995
張珩·許夢麟,《通假大字典》, 哈爾濱: 黑龍江人民出版社, 1993
田亞岐·孫周勇,《考古陝西》, 西安: 陝西人民出版社, 2016
趙力光,《中國古代瓦當圖典》, 北京: 文物出版社, 1998
趙叢蒼,《古代瓦當》, 北京: 中國書店, 1997
陳橋驛,《中國都城詞典》, 南昌: 江書教育出版社, 1999
陳根遠, 朱思紅,《屋檐上的藝術》, 成都: 四川教育出版社, 1998
陳明達,《秦漢瓦當圖》, 臺北: 文海出版社, 1972
肖宏發,《中國傳統文化藝術》, 廣西: 廣西民族出版社, 2009
沈福煦,《中國古代建築文化史》, 上海: 上海古籍出版社, 2001

와당, 아시아 건축을 수놓다
지붕 끝에 깃든 시간의 문양

1판 1쇄 2025년 9월 29일

지은이 | 허선영

펴낸이 | 류종필
책임편집 | 김현대
편집 | 노민정, 이정우, 권준, 이은진
경영지원 | 홍정민
표지 디자인 | 석운디자인
본문 디자인 | 이미연

펴낸곳 | (주)도서출판 책과함께
　　　　주소 (04022) 서울시 마포구 동교로 70 소와소빌딩 2층
　　　　전화 (02) 335-1982
　　　　팩스 (02) 335-1316
　　　　전자우편 prpub@daum.net
　　　　블로그 blog.naver.com/prpub
　　　　등록 2003년 4월 3일 제2003-000392호

ISBN 979-11-94263-67-8 93910

* 이 책은 아모레퍼시픽재단의 지원을 받아 저술·출판되었습니다.